Edition Paashaas Verlag

EPV

Autorin: Claudia Kociucki
Originalausgabe: März 2023
Bühnenpartner: Marcel Pichler
Covermotive: Christian Herrler
Coverdesign: Michael Frädrich
Druck: BoD – Books on Demand, Norderstedt

www.verlag-epv.de
ISBN: 978-3-96174-120-5

Die Deutsche Nationalbibliothek verzeichnet diese Publikation in der Deutschen Nationalbibliografie; detaillierte bibliografische Daten sind im Internet über http://dnb.d-nb.de abrufbar.

Claudia Kociucki

Gestorben wird immer – oder: Radieschen von oben

Ausgewählte Texte zum und aus dem Lesebühnenprogramm

Claudia Kociucki

ist Autorin, Lesebühnenakteurin und Künstlerin aus Recklinghausen. Viele ihrer Geschichten, Szenen und Gedichte sowie ein Shakespeare-Remake sind bereits veröffentlicht worden, aber hauptsächlich schreibt sie, um ihre unterschiedlichen Textsorten auf die Bühne zu bringen. Hierfür hat sie eigenes Lesebühnenformat entwickelt: eine Mischung aus szenischer Lesung, Theater und Kabarett. Dieses einzigartige Format verbindet die Texte (die über eine Bandbreite von Hochliteratur über experimentelle Formen bis hin zu Beiträgen für Poetry Slams verfügen) mit einem thematischen roten Faden und fügt sie dramaturgisch mit abwechslungsreichen Präsentationsformen zusammen. *Gestorben wird immer – oder: Radieschen von oben* ist eines der Programme aus ihrer Feder, das sie mit ihrem Partner Marcel Pichler auf die Bühne bringt.

Informationen und Termine siehe www.lesebuehne.com

Von Haus aus ist Claudia Kociucki Sprachlehr- und -lernforscherin sowie Literaturwissenschaftlerin und hat zu Interkulturellem Lernen promoviert. Neben dem Schreiben und Bloggen malt sie, spielt Klavier und moderiert Literaturveranstaltungen. Eine Herzenssache ist ihr die Deutsche DepressionsLiga, in der sie seit 2022 ehrenamtlich aktiv ist.

Jedem Anfang
wohnt das Ende inne.

INHALT

VORWORT

»Eine mutige Auseinandersetzung mit dem Thema Tod«, so die Rückmeldung einer Besucherin am Ende einer Veranstaltung. Mutig? So hatte ich das vorher noch nicht betrachtet. Ja, vielleicht. Persönlich auf jeden Fall, stehe ich doch mit meinem Lebensgefährten gemeinsam in diesem Programm auf der Bühne.

Vor dem Lesen, Vortragen, Performen der so sehr unterschiedlichen Texte stand jedoch deren Auswahl und Zusammenstellung. Oft habe ich am Anfang ein Motto, oder mir geistert ein knackiger Titel durch den Kopf, dann schreibe ich dazu, bis ausreichend Lesezeit für ein abendfüllendes Programm beisammen ist. Alleine oder mit den Partner:innen, mit denen ich zusammen auftrete. Hier war es andersherum:

Seit 2011 schreibe ich (literarisch), irgendwann war mir aufgefallen, dass es eine Reihe von Geschichten, Theaterszenen und Gedichten mit mindestens einer Leiche gab. Oder mit mindestens einer Person, die sich mit dem Tod auseinandersetzen musste. Egal, ob heiter, tiefgründig, spannend oder skurril.

Gemeinsam mit meinem Lebens- und Lesepartner Marcel Pichler habe ich diese Texte mit einem roten

(Moderations-)Faden verbunden und dramaturgisch miteinander verknüpft. Nach den Veranstaltungen wurde häufig der Wunsch an uns herangetragen, die Texte nachlesen zu können. So ist dieses Buch entstanden. Es enthält große Teile des Bühnenprogramms sowie ein paar zusätzliche Geschichten, die zum Thema passen.

Wenn Sie das Gesamtwerk von *Literatur & Lesebühne* sehen möchten, kommen Sie gerne zu einem unserer Auftritte oder laden Sie uns zu sich ein! Unabhängig davon wünsche ich Ihnen nun viele persönliche Lesemomente mit meinen zum Teil sehr persönlichen Texten. Ich weiß sie bei Ihnen in guten Händen.

Ihre/Eure Claudia Kociucki

TEXTE AUS DEM LESEBÜHNENPROGRAMM

Ladies first

Ich hoffe echt, ich bin nicht
irgendwann mal ohne dich.
So nur mit mir allein, ganz ich,
ohne das ‚Du' – das kann ich nicht.

Was ist, wenn du mal vor mir gehst,
ich noch ´ne Blume auf dich leg
und dann zurück daheim
mit allem ganz alleine steh?
Was mach ich dann?

Wer ruft mich an mitten aus dem Supermarkt,
nur um mich zu fragen,
ob ich auch zwölf Aprikosen-Dosen haben mag,
denn heute sei der letzte Tag,
an dem die zwölf Cent billiger sind?
Oder:

Wer hüllt mich ein,
wenn ich nachts ohne meine Decke lieg?
Wer guckt nach mir,
wenn ich mich wieder mal verstecke wie ein Kind,
so vor der Welt und allem,
was ich mich ohne dich nicht trau?

Immer bist da du mit deinem Arm, in dem ich lieg,
in dem ich gegen alles sieg,
was ich nicht schaff allein.
Nein,
ich will, dass ich vor dir geh!
‚Ladies firstI!' –
und ich bin eine Frau.

Ich will keinen Tag,
ohne dass du mit mieser Stimmung aufwachst
und dann doch über einen meiner miesen Witze lachst,
die ich dir hinleg statt frischer Socken!

Ich will keinen Tag,
ohne dass du mir in meiner rosa Krönchen-Königinnen-
Tasse Kaffee machst!
Nur du weißt,
mit wie vielen Körnchen braunem Zucker ich ihn mag.

Du würdest jedes einzelne schleifen und polieren,
wenn sie den Kaffee dadurch verbesserten.
Du würdest jede einzelne Träne aus meinen Augen küssen,
bevor sie mein Gesicht verwässerten,
wenn ich weinte,
dass du nicht mehr bist.
Doch das, das ist, …
Nein, das möcht ich niemals müssen!

Und doch werden alle sagen:
»Du schaffst das schon,
du kannst das tragen!«
Und:
»Kopf hoch!
Die Zeit heilt alle Wunden.«
So ein Scheiß!
Das tut sie nicht.

Nein,
ohne dich kann ich nicht sein.
Will ich auch nicht.
Ich weiß genau:
Gehst du vor mir,
das schaff ich nicht.

Ach, merk dir einfach:
‚Ladies first!' –
also ich, deine Frau.

**Poetry Slam-Text (mehrmals im Finale); wurde 2023 gekürzt in eine Theaterproduktion aufgenommen.*

In Erinnerung an die Erinnerung

»Erinnerst du dich, mein Schatz?«, fragte die Frau (und hatte gleichwohl jeden noch so winzigen Schritt in ihrem Leben vor Augen). »Es war hier vor der Kirche. Hier hast du mir zum ersten Mal gesagt, dass du mich liebst.«

»Ich mag diesen Platz«, sagte der Mann (und hatte gleichwohl Schwierigkeiten, mit der Frau Schritt zu halten).

Die Kirche kam näher,
der Glaube entfernte sich.

»Komm mit!«, sagte die Frau.

»Erinnerst du dich, mein Schatz?«, fragte die Frau (und umfasste die linke Hand ihres Mannes). »Es war hier am Fuße des Leuchtturms. Hier hast du deinen Ehering verloren.«

»Ich mag das Meer«, sagte der Mann (und umfasste ein Stück Treibgut mit seiner rechten Hand).

Die Wellen zerschellten am Felsen,
das Herz brach entzwei.

»Komm mit!«, sagte die Frau.

»Erinnerst du dich, mein Schatz?«, fragte die Frau (und schaute dabei ihren Mann mit der größtmöglichen Zärtlichkeit an, die ein Mensch hervorzubringen imstande ist). »Es war hier im warmen Sand. Hier haben wir uns zum ersten Mal geküsst.«

»Ich mag die Wellen«, sagte der Mann (und schaute dabei der Gischt zu, wie sie sich auf dem warmen Sand des Nordstrandes ausbreitete).

Die Möwen hoben vom Boden ab,
die Erinnerung flog davon.

»Komm mit!«, sagte die Frau.

»Erinnerst du dich, mein Schatz?«, fragte die Frau (und fühlte sich unendlich allein inmitten der unzähligen Menschen). »Es war hier in der Markthalle. Hier haben wir jeden Tag unseren Fisch gekauft.«

»Ich mag Fisch«, sagte der Mann (und fühlte sich unendlich wohl inmitten der unzähligen Gerüche).

Der Fisch sprang vom Haken,
die Hoffnung entglitt der Angel.

»Du hast ein Gedächtnis wie ein Fisch«, stellte die Frau klar.

»Ich mag Fisch«, stellte der Mann fest.

»Komm mit, mein Schatz!«, seufzte die Frau mit der größtmöglichen Zuneigung, die ein Mensch zu fühlen imstande ist.

»Komm mit!«, sagte die Erinnerung. Was sie davontrug, war die Vergangenheit – und die Zukunft dazu.

»Komm mit!«, sagte die Demenz. Was sie hinter sich ließ, war ein ganzes Leben – und ein zweites dazu.

**Dieser ‚literarische Spaziergang' durch den Ort Nazaré (Portugal) wurde ursprünglich auf Portugiesisch für den Nazarener Literaturwettbewerb verfasst. Auf Deutsch erlangte der Text den 3. Platz beim Open Wort Café Dortmund am 8.11.2013 und wurde daraufhin erstmals veröffentlicht in: 'Best of Wort Café 2013-2014', Edition Paashaas Verlag Hattingen, Hrsg. Heike Wulf, 1. Auflage März 2015, ISBN 978- 3945725153.*

Glaube, Treue, Hoffnung

**Portugal, 1930. Das Schicksal ihrer Familie hat dem fünfzehnjährigen Bauernmädchen Fidélia eine große Bürde auferlegt, an der sie tagtäglich schwer zu tragen hat. (Nicht nur im wörtlichen Sinne …) Das Leben auf dem kleinen Hof mitten im Alentejo ist geprägt durch Eintönigkeit und Kargheit, durch harte körperliche Arbeit und eine tiefe religiöse Verwurzelung. Das ist ‚Heimat' für Fidélia. Doch eines Tages ergibt sich eine unerwartete Chance, diese Heimat neu zu definieren. Fidélia ergreift sie. (Nicht nur im übertragenen Sinne …)*

1: Luft

Als die ersten Sonnenstrahlen die Korkeichenrinden in Honigfarbe tauchten, hatte die fünfzehnjährige Fidélia bereits die Hälfte ihres harten Tagwerks verrichtet: Heute hatte sie die Kohlköpfe geerntet und im Holzkarren neben den noch mit Sand bedeckten Zwiebeln aufgeschichtet. Später würde sie noch eine Handvoll Kartoffeln aus der lehmigfeuchten Vorratshöhle holen, die seit über einhundert Jahren unter der Erde den spärlichen Erträgen in dieser unwirtlichen Gegend Kühle verschaffte. Aus den Kartoffeln und dem Kohl würde Fidélia – wie beinahe jeden Tag – für sich und ihren Vater einen sämigen Caldo-Verde-Eintopf in dem gusseisernen Topf kochen, der – rußgeschwärzt – über der Feuerstelle vor sich hin pendelte. Kleine Äste und Zweige aus dem Pinienwäldchen hinter dem Gehöft hatte sie direkt nach dem Aufstehen eingesammelt.

Fidélia arbeitete auch ihre anderen Aufgaben klaglos ab – nicht ahnend, dass dieser Tag nur fast ein Tag wie jeder andere werden würde. Hätte sie es geahnt (oder gar gewusst) – vermutlich wäre sie immer wieder zum gleichen Schluss gekommen. Hätte die Zügel des Schicksals auf unvorhersehbare und unchristliche Weise in die Hände genommen – in der Hoffnung und im unschuldigen Glauben, Gott-der-Herr würde ihr vergeben. In der Alltäglichkeit jener frühen Morgenstunde jedoch hatte Fidélia dem Esel neues Stroh gegeben und den Dung eingesammelt, der im Ofen an den kalten Abenden die Stube erwärmen würde. Verschlafen hatte der Esel das zottelige Haupt nur kurz angehoben und schien froh, in Ruhe gelassen zu werden und Kraft sparen zu können. Fidélia hatte sich stets gefragt, warum ihre Großmutter (Gott hab' sie selig!) den Esel Esperança – *Hoffnung* – getauft hatte.

Inzwischen waren die Hühner gefüttert und die Eier in dem kleinen Weidenkorb eingesammelt. Die Körner,

Piniennadeln und Steinchen stachen in Fidélias nackte Füße, aber das merkte sie schon längst nicht mehr. Mit dem Handrücken wischte sie sich den Schweiß von der Stirn und schob die dunkle Lockensträhne wieder hinter ihr Ohr, die sich aus dem Kopftuch herausgelöst hatte. Sie warf den drei Hühnern und dem alten Hahn noch ein paar Reste hin, wischte sich die Hände am Rock ab und stellte den Korb neben das Gemüse auf den Karren.

Wenn man nicht wusste, dass Fidélia erst fünfzehn war, hätte man sie für die Bäuerin halten können: Sie arbeitete allein und routiniert ihre Tagtäglichkeiten ab; sie war kräftig – Gesicht, Hände und Beine dunkelbraun von der Arbeit in der Sonne. Kaum dass sich jeden Morgen, den der liebe Gott in dieser einsamen Gegend werden ließ, die Sonne zu zeigen begann, kletterten die Temperaturen so hoch, dass ein Stück Butter sich innerhalb weniger Minuten verflüssigte. Dabei war es erst Juni … Noch bevor im fernen Évora die Kirchenglocke elfmal schlug, würde es so unerträglich heiß sein, dass sich das Leben nur hinter verschlossenen Fensterläden ertragen ließ. Hier, zwischen den Korkeichenfeldern, den Olivenhainen und den weiten Feldern, wo kein erholsames Lüftchen wie in den Teilen des Landes wehte, die bis an die Atlantikküste reichten. Hier war man gefangen – mitten auf dem Weg zwischen der Weite des salzigen Meeres im Süden und Westen, den grünen, fruchtbaren Wäldern und Hügeln im Norden und der Hochebene im Osten, jenseits der spanischen Grenze.

Fidélia wusste von alldem nichts. Wusste nur, dass sie mit erst acht Jahren plötzlich die Bäuerin war, als ihre Mamã (mit dem sanftesten Blick aus den dunkelbraunsten Augen dieser Welt) im Alter von nur 24 Jahren bei der Geburt des zweiten Kindes verblutet war. Fidélia hatte nicht nur sie, sondern auch die Schwester verloren, auf die sie alle so viele Jahre gewartet hatten: Das kleine, viel zu zarte Mädchen mit den dichten schwarzen Haaren hatte ganze zwei Stunden überlebt und war – in zwei Schürzen gewickelt – in Fidélias Armen eingeschlafen, ohne einen Schrei in diese Welt gelassen zu haben. Stumm hatten sich die beiden Mädchen mit großen, dunklen Augen betrachtet, bis die kleinere nach einem tiefen Schluchzer aufgehört hatte zu atmen.

Fidélia hatte später, wenn sie sich abends wieder einmal hungrig auf ihre Bettstatt legte, oft gedacht, dass Fé (auf diesen Namen hatten sie das Mädchen taufen lassen wollen), klug gewesen war. Fidélia schämte sich für diesen Gedanken, aber die kleine Schwester hatte sofort erahnt, dass sie ohne die Milch ihrer Mutter und mit dem Wenigen, das die Vorratskammer zutage fördern ließ, nicht würde überleben können. So hatte sich Fé, deren Name *Glaube* bedeutete, für einen besseren Weg entschieden.

Ein ums andere Mal beneidete Fidélia die kleine Fé: Sie war bei Mamã im Himmel, spürte weder Hunger noch Erschöpfung, fühlte weder Verzweiflung noch Ausweglosigkeit. Davon ging Fidélia aus. Auch hatte sie nicht noch mit dem gleichen, gottgegebenen Schicksal ihren Vater verloren.

José, der Vater, war, als das Leben aus seiner Frau gewichen war, aus dem Haus gestürmt, hatte Fidélia mit dem kleinen Schürzenbündel auf dem Arm stehen gelassen und sich im Schuppen mit seinen Vorräten an selbstgebranntem Kartoffelschnaps bis zur Besinnungslosigkeit betrunken. Nachdem er am übernächsten Tag mit wirrem Haar, langen Bartstoppeln, nach Aguardente und Urin stinkend in dem niedrigen Wohn-, Koch- und Schlafraum auftauchte, schien er – obwohl er noch nicht einmal dreißig war – um Jahre gealtert.

Sein Zustand würde sich in den nächsten Jahren nicht nennenswert verändern: Nur an den Sonntagen wusch er sich und war bemüht, in der kleinen Kirche, die zu der Ansammlung von Höfen aus der Umgebung gehörte, einen nüchternen und gottesfürchtigen Eindruck zu hinterlassen. Ansonsten saß er auf der wackligen Holzbank vor dem Haus, rauchte und starrte vor sich hin.

Ein Jahr nach dem anderen zog ins Land – für Fidélia war das eine wie das andere. Sie zählte all die Ostermessen und Prozessionen nicht mit, die an ihr vorüber strichen und bei denen sie zur Jungfrau Maria betete. Würde sie jemals eine eigene Familie haben? Sie wünschte sich ein kleines Mädchen. Sie würde es *Fé* nennen. Doch Gott wusste sicherlich, dass sie ihren Vater und den Hof nicht verlassen konnte.

2: Feuer

António pflegte Fidélia verstohlen zu betrachten, seit er als Kind das erste Mal mit auf den Markt fahren durfte. Damals, an seinem zehnten Geburtstag, war sie ihm aufgefallen, wie sie lachend und leise vor sich hin singend neben dem Karren ihrer Eltern auf und ab hüpfte, während diese versuchten, für ihr mühsam gezogenes Gemüse, für einen Laib hausgemachten Ziegenkäse oder für eine Flasche Olivenöl im Gegenzug ein Stück Wurst für die Kohlsuppe, ein Werkzeug, Stoffe oder Kerzen einzutauschen. An diesem besagten Tag hatte António gewusst, dass dieses Mädchen mit dem glockenhellen Lachen für ihn bestimmt war und träumte davon, sie eines Tages mit zum großen Ozean zu nehmen, wo er ein Fischer sein wollte. Er liebte das Meer und wusste, sie würde ihn und das Meer ebenfalls lieben. Eines Tages.

Selbst als Fidélia vor einigen Jahren von einem Tag auf den nächsten ohne ihre Eltern mit dem Eselskarren auf den holprigen Marktplatz gefahren kam und weder plauderte noch lachte, hatte er sich geschworen, niemals von seiner Bestimmung abzuweichen. Er hatte jeden Tag auf Knien zur Heiligen Jungfrau am Wegealtar gebetet: zuerst mit kindlichen Worten, später mit der ganzen Kraft und

Kompromisslosigkeit, die nur heranwachsende junge Männer aufzubringen imstande sind. Alles würde den vorbestimmten Weg nehmen – das war so sicher und unausweichlich wie das *Amen* am Ende seiner Gebete. Doch mit der Zeit verfloss seine Gewissheit, dass dies je passieren würde, wenn er das Schicksal nicht in die Hand nahm. Fidélia wusste von alldem nichts.

Es war Markttag, wie jeden vierten Tag der Woche (vom heiligen Sonntag aus gezählt). Auf dem Platz vor der Kirche hatten sich die Bauersleute aus der Umgebung mit ihren Karren, Kisten und Körben zusammengefunden, um für das schmackhafteste Gemüse, das süßeste Obst, den reifsten Käse, den süffigsten Wein zu werben. Überall zwischen den Ständen herrschten ein reges, wenn auch gelassenes Treiben und eine geschäftige, gleichwohl muntere Lautstärke.

António streifte umher, hielt nach Fidélia Ausschau und fragte sich durch. Vergeblich. Er konnte weder sie noch den Karren ausfindig machen. Auch der Esel, Esperança, dessen heisere Stimme er von allen Tieren des Marktes herausgehört hätte, war nirgendwo zu erblicken. Endlich fand António jemanden, der ihm Auskunft geben konnte: José, der Vater, sei krank (vermutete eine Nachbarin) und Fidélia sicherlich bei ihm, um ihn zu pflegen. Noch bevor die Bäuerin zu einer längeren Rede über die missliche Lage der vom Schicksal so gebeutelten Familie ausholen konnte, bedankte sich der junge Mann und drehte sich um. Er bedachte seine Eltern und seine Schwestern mit einem liebevollen letzten Blick. Die Mutter winkte António lächelnd von ihrem Stand aus zu.

Es würde der letzte Tag in Josés altem und der erste Tag in Fidélias neuem Leben sein.

3: Erde

António lief eine gute halbe Stunde die staubige Straße entlang, die von Hunderten Korkeichen gesäumt wurde. An dem riesigen alten Olivenbaum neben der Weide bog er nach rechts in den schmalen Pfad ein, der zu dem kleinen, heruntergekommenen Hof führte. Wie oft hatte er heimlich im Schatten des Olivenbaums gesessen, um Fidélia nah zu sein ...

Fidélia saß auf der wackeligen Holzbank vor dem Haus. Als António näherkam, sah er die langen Schlieren, die die Tränen in den Staub auf ihrem Gesicht gewaschen hatten. Sie sahen aus wie die dünnen Linien, die der Regen in den Wintermonaten in den Lehmboden grub. António entdeckte in Fidélias Augen keine Verwunderung, keine unausgesprochene Frage. Kein »Was machst du hier?« kam über ihre Lippen.

»Komm!«, sagte sie stattdessen und nahm wie selbstverständlich Antónios Hand in ihre. »Er sitzt dort hinten auf dem Hof.«

António war erstaunt, wie ruhig er war, als die beiden Hand in Hand um das Haus herumgingen, auf dessen Rückseite sich die in den Boden gebaute Vorratskammer und der Hühnerstall befanden. José, der Vater, saß an die Wand gelehnt im Dreck und brummte vor sich hin.

»Der Aguardente«, sagte sie. Mehr Worte waren nicht nötig. Es roch intensiv nach dem starken Schnaps.

Fidélia, deren Name *Treue* bedeutete, bückte sich, betrachtete den Vater voller Wärme und strich ihm eine Haarsträhne aus der Stirn. Er war grau geworden in den letzten Jahren …

Sie richtete sich auf und hakte José unter. António half ihr. Den Geruch nach altem Schweiß und Alkohol, nach fleckiger, staubiger Kleidung würden sie beide ihren Lebtag nicht vergessen. Gemeinsam hoben sie den Vater vom Boden auf. Er brummte kurz, als er die Änderung seiner Lage bemerkte, ließ aber – volltrunken, wie er war – wie eine Puppe alles mit sich geschehen. Obwohl die beiden durch ihre körperliche Arbeit recht kräftig waren, hatten sie Mühe, den alten Mann zum hinteren Teil des Grundstücks in Richtung Pinienwäldchen zu ziehen. Über allem lag diese friedliche Stille. Nur ein leises Schleifen von Josés Schuhen auf dem Boden war zu hören.

An der linken Seite des Pinienwäldchens befand sich die Fossa, die kleine Klärgrube des Hofes. Wortlos ließen Fidélia und António Josés Körper hinabgleiten. Ein leises

Brodeln und Blubbern war zu hören, als er in der Sickerflüssigkeit versank. Dann war es still.

Fidélia ging in die Hocke, hielt kurz inne und strich sich eine Haarsträhne aus dem Gesicht. Dann stand sie langsam auf, nahm Antónios Hand und sagte:

»Komm, es wird Zeit!«

4: Wasser

Hand in Hand sah man sie später auch auf dem Karren sitzen, Fidélias Kopf an Antónios Schulter lehnend. Zuweilen lief eine Träne über das Gesicht der jungen Frau, aber die sah niemand außer António. Esperança, der Esel, geleitete die beiden über knistertrockene Feldwege und sandige Straßen bis hin zum fernen Fátima. Dort, erzählte man sich auf dem Markt, war drei Bauernkindern die Jungfrau Maria erschienen. Dort würden sie niederknien und beten und um Vergebung bitten. Von dort aus würde Esperança sie weiter zum Ozean tragen.

Schon glaubten sie, das Salz in der Luft zu schmecken und die leichte Brise des Meeres auf ihrer sonnengebräunten Haut zu spüren.

Sehr gerne.

**Text von Claudia Kociucki & Kaelo Janßen – eine der Siegergeschichten im Wettbewerb ‚Erzählen Sie das mal Ihrem Friseur' der Neuen Literarischen Gesellschaft Recklinghausen e. V. in Kooperation mit den Ruhrfestspielen Recklinghausen; darüber hinaus 1. Platz beim Open Wort Café Dortmund am 1.8.2014 mit anschließender Veröffentlichung in: 'Best of Wort Café 2013-2014', Edition Paashaas Verlag Hattingen, Hrsg. Heike Wulf, 1. Auflage März 2015, ISBN 978- 3945725153. (Abdruck mit freundlicher Genehmigung des Mitautoren.)*

Intro

Ein Friseursalon im Ruhrgebiet. Personen: ein Friseur (der Hochdeutsch spricht und in Mundart denkt) und eine Kundin (zunächst Erzählerin)

ERZÄHLERIN:
Oliver, der Chef des Friseursalons, steht hinter dem Empfangstresen und schaut in seinem Terminkalender nach, was heute, am letzten Samstag im Mai, noch so alles ansteht.

FRISEUR:

[Lass ma kucken: Um neun Uhr kommt ´ne Neue, eingetragen bis Mittach – dat volle Programm also: Färben, Schnippeln, Aufbrezeln …] Sag mal, Sandro: Was soll das hier heißen? Bootsmann? Bangmann? Deine Schrift kann doch kein Mensch entziffern! *[Kehrrr, der hat 'ne Sauklaue wie'n 80-jähriger Orthopäde auf'm Rezeptblock. Wenn dem seine Praktikumsberichte genauso aussehen, dann Prost Mahlzeit!]*

ERZÄHLERIN:

Die letzten Wochen waren überaus anstrengend gewesen und hatten Oliver zum einen als Coiffeur, zum anderen als unfreiwilligem Langzeit-Single einiges abverlangt: Hochzeitsfrisuren im Akkord, eine aufgedrehte Braut nach der anderen, eine aufgedrehte Locke neben der nächsten. Dieses versammelte Glück war kaum zu ertragen! Wie oft fragte er jeden Tag ‚Ist das so angenehm für Sie?'

FRISEUR:

[Jau, da sachse wat! Mich fracht kein Schwein, ob dat so angenehm für mich is.] Entschuldigung, und Sie sind …?

ERZÄHLERIN:

Ich? Ich bin die bildhübsche, elegant gekleidete, eloquente Mittdreißigerin mit dem wundervollsten Zopf der Weltgeschichte, die um kurz vor Neun vor Ihrem Salon auf und ab und geht und zwischendurch auf ihre Armbanduhr schaut.

FRISEUR:
[Und? Willste da'n Pfad trampeln oder wat?] Warum kommen Sie nicht herein? Es ist doch gleich so weit!

ERZÄHLERIN:
Weil Ihre Kundin, also ich, erst langsam die drei Stufen zur Eingangstür hinaufgeht, wenn die Kirchturmuhr alle Neune schlägt.

(Die Glocken der Kirchturmuhr verkünden: Es ist 9 Uhr.)

FRISEUR:
[Na, dann mach ma voran, Frollein: Dat Dingen is getz am bimmeln!]

Szene

(Der Friseur hält die Tür auf, die Kundin betritt den Salon.)

FRISEUR:
Guten Morgen! Sie hätten gern schon hereinkommen können.

KUNDIN:

Manchmal kommt es eben auf den richtigen Zeitpunkt an.

FRISEUR:

Wie wahr, wie wahr! Was kann ich für Sie tun, Frau ...?

KUNDIN:

Julia Borgmann. Ich habe um Neun einen Termin.

FRISEUR:

Ja, da sind Sie bei mir direkt richtig! Ich bin der Oliver. Darf ich Ihnen die Strickjacke abnehmen? *[Gerne mitsamt dem Rest der Klamotten, wenn ich mir dat so richtig bekucke.]*

KUNDIN:

Ich nehme meinen Cardigan lieber mit, vielen Dank. Im Moment ist mir mal warm und mal kalt.

FRISEUR:

[Komm, Mädel, für die Wechseljahre bisse noch'n Tacken zu jung, woll? Vielleicht gestern 'nen Hugo zu viel genascht und der Blutdruck kaspert noch'n bissken rum?] Wie Sie wünschen. Bitte schön, hier geht's lang, nach Ihnen! *[Mal'n Meter Abstand halten, damit ich 'nen zweiten Blick riskieren kann. ... Holladiewaldfee, dat Mädel steht aber gut im Strumpf!]*

KUNDIN:

Soll ich meine Haarspange lösen?

FRISEUR:

[Ja, Baby, schüttel dein Haar für mich! Butterweich, die Mähne! Dat sind die Momente, wo der Beruf so richtich Spass macht.] Sehr gerne. Was kann ich für Sie tun, Frau Borgmann?

KUNDIN:

Ich möchte auf jeden Fall eine neue Haarfarbe … und die Haare hochgesteckt.

FRISEUR:

Sehr gerne. Mit ein bisschen Farbe sieht die Welt gleich anders aus!

KUNDIN:

'Maler und Anstreicher gegen die Weltwirtschaftskrise gesucht'?! Wenn das so einfach wäre … Welchen Farbton empfehlen Sie mir?

FRISEUR:

Wenn Sie mal hier auf der Farbkarte schauen wollen: Was halten Sie davon, wenn wir für das Deckhaar diesen mittelblonden Ton nehmen, mit einem Hauch Goldanteil, ohne ins Rötliche zu gehen? Die Konturen würde ich dunkel zeichnen, damit das Ganze insgesamt kräftiger wirkt. Was sagen Sie?

KUNDIN:

Fehlende Kraft ist zwar gerade nicht mein Problem, aber: Das hört sich gut an.

FRISEUR:

[Die Perle spricht in Rätseln.] Was haben Sie denn heute Schönes vor?

KUNDIN:

Lassen Sie es mich so formulieren: Heute ist einfach ein besonderer Tag.

FRISEUR:

[Kuckma, Madamchen macht auf geheimnisvoll?! Ich werd's rausfinden, verlass dich drauf!] Gut. Was darf ich Ihnen zu trinken anbieten? Kaffee, Cappuccino, Wasser, Tee – oder ein Sektchen zur Feier des Tages? *[Komm, hau schon raus, wo du hingehs! 'Nen Ehering seh ich ja glücklicherweise nich.]*

KUNDIN:

Ein Prosecco wäre nett – ich bin ein wenig aufgeregt.

FRISEUR:

[Aufgeregt, kuck ma an! Hier geht's wohl tatsächlich um die eigene Hochzeit, wa? Schade eigentlich, der Typ is'n echter Glückspilz, dat der sich so'n Geschoss geangelt hat.] Sehr gerne. Kira Alina, bist du bitte so freundlich, Frau Borgmann einen Prosecco zu bringen? *[Wenn's geht, heute noch. Und*

penn nich wieder ein dabei!] Soweit zur Farbe. Haben Sie bereits bestimmte Vorstellungen bezüglich des Schnitts?

KUNDIN:
Im Prinzip sollen erst einmal nur die Spitzen ab. Können Sie mir die Haare locker hochstecken – ungefähr so wie bei Julia Roberts damals auf der Oscar-Verleihung? Hier, ich habe ein Bild mitgebracht.

FRISEUR:
Kein Problem, mit Ihrem Haar kann man fast alles machen. *[Ich bastel aus dir 'ne Julia Roberts, 'ne Audrey Hepburn oder 'ne Grace Kelly – ganz nach Belieben. Bei dir is dat'n Kinderspiel – im Gegensatz zu den Schabracken, die sonst mit Promifotos hier auflaufen.]* Ich gehe kurz die Farbe vorbereiten. Kann ich Ihnen in der Zwischenzeit ein paar Zeitschriften bringen?

KUNDIN:
Nein, danke, ich habe etwas zu lesen hier.

FRISEUR:
[Wat denn? Die Gesichtsausdrücke der anderen Weiber im Spiegel?] Wie Sie wünschen. Bin gleich zurück. Kira Alina, der Sekt dürfte jetzt genug geatmet haben! *[Boah, wer hat die Schnarchnase eigentlich eingestellt?]*

FRISEUR:

So, da bin ich wieder. Dann wollen wir mal ein wenig Farbe herzaubern!

KUNDIN:

Ach, Sie können zaubern? Auch Tote zum Leben erwecken?

FRISEUR:

[Ob sie auf 'ne Beerdigung muss? Sach wat, Mädel, ich bin'n 1A Witwentröster!]

FRISEUR:

So, Frau Borgmann ... Darf es nach der Pflege eine Kopfmassage sein?

KUNDIN:

Gerne, vor allem heute. Wenn schon, dann das volle Programm!

FRISEUR:

[Da hätt ich getz auch Bock drauf, dat kannste mir glauben!] Ist das so angenehm für Sie?

KUNDIN:

Ja, danke, wunderbar …

FRISEUR:

[Und warum kullert dir dabei 'ne Träne die Wange runter?]

FRISEUR:

Die Farbe ist übrigens richtig schön geworden. Jetzt, wo die Haare trocken sind, kommt das Leuchten noch viel deutlicher heraus. Ich wette, dass der Bräutigam begeistert sein wird. *[Na, komm schon, verplapper dich endlich!]*

KUNDIN:

Wenn es den gäbe ...

FRISEUR:

[Strike! Et is nich ihre eigene Hochzeit.] Das Hochgesteckte steht Ihnen im Übrigen fantastisch! Ich würde hier an den Seiten noch ein paar Haarsträhnen herausziehen, darf ich? … Wie gefällt es Ihnen?

KUNDIN:

Das passt gut zu meinem Typ.

FRISEUR:

[Und du passt sowas von zu meinem Typ.] Absolut! Unsere Kira Alina trägt Ihnen jetzt das Make-Up auf, ja? *[Getz weiß ich wieda, warum diese Trantüte hier rumläuft: Sie kann gut malen. Und wennse'n Pinsel inne Hand hat, kannse sogar richtig malochen.]* Kira Alina!

KUNDIN:

Wären Sie so lieb, ein Foto von mir zu machen?

FRISEUR:

Natürlich, sehr gerne. ... Allerdings: Hundertprozentig zufrieden wirken Sie nicht!?

KUNDIN:

Doch, doch, es gefällt mir gut. Das ist es nicht. Ich möchte lediglich gerne noch etwas anderes ausprobieren. Man sollte stets mehrere Optionen zur Verfügung zu haben, finden Sie nicht?

FRISEUR:

[Wenn ich eine davon bin: imma!] Sehr gerne, kein Problem. Wir haben noch eineinhalb Stunden Zeit.

KUNDIN:

Ich möchte die Haare lieber offen tragen, mit ein paar Locken. Ähnlich wie Angelina Jolie hier auf diesem Titelbild.

FRISEUR:

Selbstverständlich, auch das bekommen wir locker hin. Wenn ich Sie in Angelina verwandelt habe, werden Sie sich nachher vor Tanzpartnern kaum retten können! *[Du bist aber auch'n scharfes Schnittchen! Getz rück endlich ma 'ne Info raus, watte heut Abend vorhast.]*

KUNDIN:

Da stellt sich die Frage, wer sich vor wem in Acht nehmen müsste …

FRISEUR:

[Danke, dat hat mich ja getz richtich vorangebracht ...]

FRISEUR:

Mit den offenen Haaren gefallen Sie mir fast noch besser.

[Boah, wat'n geiles Mopped!] Ich mache von dieser Variante ebenfalls ein Foto, ja?

KUNDIN:
Danke, das ist sehr aufmerksam von Ihnen! Danach würde ich gern …

FRISEUR:
[Danach: zu mir oder zu dir?] Ja? Sollen wir noch eine Kleinigkeit ändern? *[Du siehst dermaßen rattenscharf aus – wenn ich nicht eh hetero wäre, wäre ich spätestens seit heute bekehrt.]*

KUNDIN:
Reicht die Zeit noch aus, um mir einen Bob zu schneiden?

FRISEUR:
[Wat? Mädel, hast du 'nen Sockenschuss? Von so 'ner Mähne trennt man sich doch nicht! Für mich wär dat'n Scheidungsgrund. Andererseits: Mädels lassen sich ja gerne mal die Matte absäbeln, wenn 'ne Beziehung inne Brüche gegangen is. Sach bloß, die is echt Single?] Ja, einen Bob schaffen wir noch in der Zeit. Sind Sie absolut sicher, dass Sie sich von Ihrem wundervollen langen Haar trennen wollen? Sie werden es bestimmt bereuen!

KUNDIN:
Ist es nicht vielmehr so, dass man am Ende seines Lebens eher die Dinge bereut, die man nicht getan hat?

FRISEUR:

Auch wieder wahr.

FRISEUR:

Das hätten wir. Ganz ehrlich: Ihnen steht wirklich alles. *[Und mir gleich mit, wenn wir hier nich langsam zum Ende kommen. Und gib bloß Gas, et is fünf vor zwölf – Omma Schröder steht gleich zum Waschen und Legen auf der Matte!]* Ich hoffe, Sie waren zufrieden, Frau Borgmann, und wir dürfen Sie bald wieder einmal bei uns willkommen heißen!? *[Hoch mit deinem entzückenden Hintern! Wenn du dich nich von mir trennen kannz, geb ich dir gerne meine Nummer, aber wir sind hier leider feddich.]* Äh, ist irgendetwas nicht in Ordnung?

KUNDIN:

Wir haben noch fünf Minuten, oder?

FRISEUR:

Ja, sicher, aber …

KUNDIN:

Dann rasieren Sie mir bitte die Haare ab! In den nächsten zwei, drei Wochen fallen sie mir sowieso aus.

Wie immer Meerblick. Eigentlich.

Eigentlich war es ein Tag wie jeder andere in Nazaré auch. Hier in dem berühmten Fischerort (eine Stunde nördlich von Lissabon), wo im Sommer viele Einheimische ihren Badeurlaub verbrachten, war alles wie immer. Eigentlich.

Wie immer stand die Eingangstür in dem runden Erker des kleinen Strandhotels tagsüber offen und ließ die salzige Brise hinein, die den Aufenthalt hier an der Silberküste so angenehm machte. Die Atmosphäre in der schmalen, hohen Empfangshalle war magisch: Warme Lichtstrahlen brachten den portugiesischen Marmor zum Glänzen, wurden in den Wandspiegeln hin und her geworfen und entlockten dem riesigen Kronleuchter alle Farben des Regenbogens; der leichte Wind ließ die Kristalle sanft klirren. Wundervoll – wie die Geschichten, die man sich seit mehr als einhundert Jahren über das ‚Miramar' erzählte. Am nächsten Tag würde eine weitere hinzugekommen sein ...

Plötzlich fiel ein Schatten auf die beigefarbenen Marmorfliesen, die den Boden und den unteren Teil der Wände im Foyer bedeckten. Die junge Rezeptionistin schreckte hoch und blickte zur Türschwelle, wo sich die Umrisse zweier Gestalten dunkel vom grellen Mittagslicht und dem

Glitzern des Atlantiks abhoben. Die langsamen Bewegungen bildeten einen Kontrast zur lebhaften Geschäftigkeit auf der Promenade und zur geselligen Lebendigkeit weiter unten am breiten Sandstrand.

Meu Deus! Mein Gott, wie süß!, dachte die Rezeptionistin.

Eine kleine, zerbrechlich wirkende alte Dame stützte sich gebeugt auf den zittrigen Arm eines älteren Herrn. Er: galant im Sonntagsanzug mit Weste, Krawatte, Hut, weißem Schnauzbart und runder Brille. Sie: in Nazarener Tracht mit besticktem dunklem Rock, bunter Stola über der weißen Bluse sowie einem großen schwarzen Tuch, welches sie wie die Jungfrau Maria über ihrem Kopf trug. Seltsam, dieser Aufzug!

Die beiden müssen doch bestimmt schon über neunzig sein!, schätzte die Rezeptionistin und erinnerte sich an Fotos ihrer Urgroßeltern. (Nur mit dem Unterschied, dass Uroma nicht barfuß herumlief!)

Bei dem Gedanken schmunzelte sie unwillkürlich und schickte ein »*Bom dia* – guten Tag!« hinterher, um die Zeit zu überbrücken, die das betagte Pärchen noch bis zur Theke benötigen würde. Geduldig wartete sie und überprüfte kurz die Check-In-Liste. »Willkommen im 'Miramar'!«

Der alte Mann kniff die Augen zusammen, um das Namensschild besser lesen zu können:

»Auch ich wünsche Ihnen einen guten Tag, Menina Clara. Das Turmzimmer ist reserviert. Senhora Dona Constância und Alento Boavista aus Porto. Die Rechnung ist bereits beglichen.«

Die Rezeptionistin musste erneut schmunzeln. Ein Kavalier der alten Schule: Mit *Menina* – Fräulein – wurde heutzutage niemand mehr angeredet.

»Sie kommen also aus dem Norden«, plauderte Clara. (Wie konnte es da sein, dass ihr das Gesicht der Frau bekannt vorkam?) Grübelnd nahm sie den Messingschlüssel mit der Nummer 12 vom Brett. »Die Panorama-Suite im ersten Stock, wie gewünscht. Es gibt allerdings keinen Aufzug.«

»Machen Sie sich keine Sorgen! Wir haben alle Zeit der Welt …«, meldete sich die alte Frau mit brüchiger Stimme.

»Warten Sie, ich begleite Sie hinauf! Dann zeige ich Ihnen, wo das Zimmer ist.«

»Das ist sehr freundlich, aber das wird nicht nötig sein. Wir kennen uns hier aus«, antwortete Senhor Boavista. Er nahm mit knöcherner Hand den Schlüssel an sich und fügte leise hinzu: »So viel wird sich in den vergangenen siebzig Jahren ja nicht verändert haben. – Komm, Liebes!«

Ein mädchenhaftes Lächeln ließ die trüben braunen Augen erstrahlen. Die alte Dame musste einmal bildhübsch gewesen sein. Clara sah den beiden zu, wie sie langsam die Treppe emporstiegen und einander stützten.

So verliebt möchte ich im Alter auch noch sein, dachte sie und wandte sich lächelnd wieder ihrer Arbeit zu.

Der restliche Tag verlief wie immer: Clara checkte die neuen Gäste ein, prüfte Abrechnungen, schrieb E-Mails, reservierte Tische in Restaurants und erledigte die allabendliche Übergabe an den alternden Nachtportier.

Eigentlich hatte Clara ihm heute nichts Außergewöhnliches zu berichten. Auch er würde am nächsten Tag seinerseits nichts Außergewöhnliches zu berichten haben.

Als Clara um 8 Uhr ihre Zwölfstundenschicht antrat, wienerte das spanische Zimmermädchen die Spiegel und den Marmor; die Zwillinge aus dem Dorf, die in der Küche und im Service arbeiteten, richteten klappernd das Frühstücksbüffet her. Gleich würden die ersten Gäste herunterkommen. Alles war wie immer. Eigentlich.

Bis zum Ende des Frühstücks um 10 Uhr war ein Tisch leer geblieben. Es war jedoch nicht ungewöhnlich, dass Gäste das 'Bitte nicht stören'-Schild an ihren Türknauf hängten, um auszuschlafen. Dafür genehmigten sie sich dann später in einem der Cafés einen Espresso und Gebäck.

Nach 10 Uhr ging auch alles seinen gewohnten Lauf. So langsam füllten sich die Gassen, die Promenade und die Stoffkabinen am Strand. Der morgendliche Nebel hatte dem mittäglichen Funkeln auf der Meeresoberfläche Platz gemacht. Wundervoll. Wie immer. Eigentlich.

Um 13 Uhr kam das Zimmermädchen in Zeitlupe die Treppe herunter. Sie war leichenblass und musste sich am Geländer festhalten, so sehr zitterten ihre Hände.

»Was ist los?« Claras Herz schlug schneller.

»*Díos mío*!«, stammelte das Zimmermädchen und sah Clara abwesend an.

»Nun sag schon!« Clara war jetzt wirklich nervös.

»Zuerst dachte ich, sie schlafen ...«

»Wer?« Clara packte die Schultern des jungen Mädchens und schüttelte sie leicht.

Ohne eine Antwort wurde Clara bei der Hand genommen und hastig die Treppe hinaufgezogen. Das Zimmer mit der Nummer 12 stand so weit offen, dass Clara in den Raum hineinsehen konnte. Vom Eingang aus sah man durch eine große hölzerne Flügeltür direkt aufs Meer. Rechts daneben lag die Steilklippe, die gerade gemächlich von der Kabelbahn erklommen wurde. Wie in Zeitlupe glitt auch Claras Blick durch das weißgetünchte Zimmer. Wie versteinert blieb sie auf der Türschwelle stehen.

Auf dem King Size-Bett mit dem dunklen Holzrahmen lag das alte Ehepaar Boavista. Hut und Kopftuch lagen auf dem jeweiligen Nachttisch; abgesehen davon waren die Herrschaften vollständig bekleidet. Senhora Dona Constância lag in Senhor Alentos Arm. Es schien, als schliefen sie ganz friedlich. Clara war geneigt zu denken, sie würden jeden Augenblick aufwachen und sich am Anblick des Ozeans erfreuen. Doch Clara wusste auch, dass dies nie mehr geschehen würde. Stumm schlug sie die Hand vor ihren offenen Mund.

Wie oft schon hatten ihr Kollegen von der gefürchteten *kalten Abreise* erzählt? Nun stand sie da und eigentlich war alles anders als erwartet. Clara war angefüllt von einer vollkommenen, inneren Wärme. Sie konnte gewissermaßen die unermessliche Liebe fühlen, die diese zwei Menschen verströmten. Aneinander geschmiegte leblose Körper. Es gelang ihr kaum den Blick abzuwenden und zum Notfallplan überzugehen. Eigentlich wusste sie, was zu tun war. Eigentlich.

Clara sah sich intensiv im Raum um, konnte aber außer den Kopfbedeckungen nichts Fremdes in dem vertrauten Hotelzimmer entdecken.

Was ist hier nur passiert?, fragte sie sich und schloss behutsam die Tür. Es durfte nichts verändert werden.

Polizei, Kriminaltechniker und Fotograf waren allesamt wenig um Unauffälligkeit bemüht, sodass sich schließlich eine neugierige Menschentraube auf dem mattweißen Gehsteig gegenüber versammelt hatte. Gerüchte machten die Runde: Von gemeinschaftlicher Selbsttötung, einer tragischen Fischvergiftung, von kollektivem Treppensturz, Ehegattenmord und sogar nachträglichem Ertrinken war die Rede. Es mangelte nicht an nachvollziehbaren bis absurden Gründen für das Ableben der Eheleute Boavista. Doch keiner davon würde sich später bestätigen. Eigentlich war die Todesursache ganz einfach zu erklären. Eigentlich.

»Haben Sie schon etwas herausgefunden?«, traute sich Clara den jungen Kommissar zu fragen, als dieser nach einer gefühlten Ewigkeit wieder die Treppe hinunter in die Hotelhalle gestapft kam.

»Wir haben eine Angehörige erreichen können. Hier aus Nazaré.«

Clara war überrascht. War ihr das Gesicht der alten Dame vielleicht deshalb so bekannt vorgekommen?

Bevor sie weiter darüber nachdenken konnte, fuhr der Polizist fort:

»Júlia Martinho heißt sie. Es handelt sich um die Urenkelin von Senhora Dona Constância. Wir haben ihre Telefonnummer als einzigen Hinweis gefunden. Sie wird gleich hier sein. Geleiten Sie sie dann bitte nach oben, ja?«

»Ja, sicher, gerne«, antwortete Clara, doch sie war in Gedanken immer noch bei dem Nachnamen der jungen Frau.

Plötzlich fiel ein Schatten durch die Eingangstür auf die Marmorfliesen. Auf der Türschwelle zeichneten sich kurz die Umrisse einer zierlichen Person ab. Ihr hektischer Schritt und ihre überschwappende Nervosität bildeten einen Kontrast zur absoluten Stille draußen auf der Promenade.

Als die junge Frau näherkam, fielen bei Clara die Groschen: Die Martinhos vermieteten seit mehreren Generationen eine Barraca, eine der weißen Strandkabinen aus Stoff, an die Badegäste in Nazaré. Júlia Martinho stand ebenso verblüfft vor Clara. Die beiden hatten sich seit der Grundschule nicht mehr gesehen.

»Meine Urgroßeltern sind hier.«

»Es tut mir so leid.« Clara ging auf die Schulfreundin zu und drückte sie. »Komm.«

Oben stand Júlia tränenüberströmt neben dem großen Bett.

Es ist also wirklich passiert ..., dachte sie. Ihre Urgroßeltern waren gemeinsam an dem Ort gestorben, an dem sie sich kennen und lieben gelernt hatten. Er: der Sohn einer reichen Portuenser Weinhändler-familie, die im Sommer stets im *Miramar* logierte. Sie: die Tochter des Strandes, die allabendlich barfuß das Meersalz aus der feinen Kleidung der Badegäste wusch. Ein ungleiches Paar. Eine Liebe ohnegleichen.

Nun lagen die beiden da – gekleidet wie sie sich 1938 getroffen hatten. Mit Blick auf das Meer, das sie einst zusammengebracht hatte. Eigentlich eine ganz normale Liebesgeschichte.

Eigentlich.

**Der Text wurde als einer der Sieger der Verlagsausschreibung mit anderen Hotelgeschichten veröffentlicht in: ‚Unter fremden Decken', Schreiblust-Verlag Dortmund, ISBN 978-3-9812228-9-0. Inzwischen liegt auch eine portugiesische Version vor (Übersetzung: Júlia Garraio, Coimbra).*

zerrissen

Wenn ich so häufig grübelte »Bin hin- und hergerissen«,
sagtest du stets: »Ach, jammer nicht so punktuell:
Das ganze Leben ist beschiss… –
  äh: bescheiden.
Auch im Tod wird's ähnlich bleiben …«
Und der kam schnell.

Vier Meter standest du entfernt von mir auf explosiver Flur –
ein absurdes Universum breit.
Getrennt durch ein paar Schritte, Blut
  und eine unsichtbare Schnur
gingst du den einen Schritt zu weit …

Wenn ich nun häufig für dein Grab dir bunte Blumen pflücke,
so frag ich stets,
  was die Zerrissenheit in mir schon war gegen die deine:
Mein Wollen, Zaudern, Lieben, Streben teilten meine –
die deine dich in tausend rote Stücke …

»Welch Anmaßung!«, rotzt mir das Schicksal ins Gesicht,
»Sein Zerrissensein war tödlich,
deines auf Papier bloß ein Gedicht …«

**2. Platz Open Wort Café Dortmund 8.11.2013; erstmals veröffentlicht in: 'Best of Wort Café 2013-2014', Edition Paashaas Verlag Hattingen, Hrsg. Heike Wulf, 1. Auflage März 2015, ISBN 978- 3945725153.*

Laufwild

Teil I: Wildwechsel

Sie hasste diese ständigen Sticheleien, sie waren der Nagel zu ihrem Sarg.

»Wann heiratest du endlich, Kind? Papa macht sich schon Sorgen – du weißt doch, wie gerne er Enkelkinder hätte! Er kann es kaum erwarten, ihnen die Rehe und Hirsche in seinem Jagdrevier zu zeigen. Du weißt, wie es ist – er würde ihnen alles beibringen, was sie wissen müssen … Gönnst du deinem Vater das nicht? Denk auch mal an uns, wir werden nicht jünger – und du bist selbst schon bald …«

»Ich werde gleich abgeholt, Mama, ich muss Schluss machen!«

Es würde in der Tat bald Schluss sein – Schluss mit vielem, das ihr bisher vertraut war.

Sie legte auf und parkte ihr Mini Cooper Cabrio in der Dreifachgarage. Das Garagentor schloss sich automatisch hinter ihr, sie stieg aus und entriegelte zum letzten Mal in ihrem Leben die Verbindungstür zum Wohntrakt mit dem Zahlencode: 3008. Der 30.08. – der Tag, an dem ihr die Freundinnen mit vereinten Kräften die letzte ‚gute Partie' vor die Tanzbeine geschoben hatten. Die Mädels waren keinen Deut besser als ihre Mutter:

»Deine biologische Uhr tickt, Süße!«

»Wenn du erst dreißig bist ...«

»Außerdem hast du dir auf unseren Hochzeiten einen Champagner nach dem anderen reingeschüttet, jetzt kannst du dich revanchieren!«

Sie würde sich revanchieren, oh ja! Für ein Jahrzehnt Lebenszeitvergeudung mit all diesen Golfschläger-Schwingern, die bis dato weder ihrem Dasein noch ihrer Libido Höhepunkte zu verschaffen in der Lage gewesen waren. Und wie sie sich revanchieren würde für diese glatt gegelten Berufssöhne! Dumm nur, dass ihr einer davon in Kürze einen Ring an den Finger stecken wollte. Hatte sie zumindest läuten hören. Es machte im Club schon die Runde, noch bevor er ihr überhaupt den Antrag gemacht hatte. Sie hatte die leichte Hoffnung, dass es doch nicht wahr sei, dass sie nochmal davonkommen würde. Hörensagen, Euer Ehren! Gilt nicht. Ätsch!

Sie pfefferte ihr Handy samt Schlüssel auf die Kommode im Flur. Die Pumps, die sie durch ihren Arbeitstag in der Kanzlei getragen hatten, flogen in die Ecke, das Büro-Outfit hinterher. Aus der Schublade zog sie ihren

Sport-BH und ein Paar Laufsocken. Heute entschied sie sich für die enganliegenden grauen Leggings, die ihren durchtrainierten Allerwertesten und die Beine gut zur Geltung bringen würden.

»Wollen wir mal sehen, ob dieser Schnuckel aus dem Park nicht heute endlich anbeißt …«, sagte sie halblaut, während sie die Laufhose anzog und ein Funktionsshirt aus der anderen Schublade holte. Vor dem großen Garderobenspiegel zog sie es über, drehte sich und lächelte ihr Spiegelbild an. Das orangefarbene Tanktop würde in der Abendsonne ihre gebräunte Haut betonen. In aller Ruhe drehte sie ihre langen roten Locken zu einem Knoten, steckte ihn am Hinterkopf fest und löste ein paar Locken heraus.

Sie hatte keine Eile, denn dass sie in Wirklichkeit allein ihre Joggingrunden drehte, musste ihre Mutter ja nicht wissen. Es gäbe nur weitere Predigten, die allesamt mit »Kind, was da alles passieren kann!« begannen. Dann würde Mutter eine dieser Gruselgeschichten zum Besten geben, die sie in ihrer Tennisdamen-Runde aufgeschnappt hatte, dieser Ansammlung von gelifteten Zahnarztgattinnen und gebotoxten Ex-Ehefrauen, die mehr Zeit bei Martini und Hugo im Clubhaus als mit ihren braungebrannten

Trainern auf dem Platz verbrachten. Im Gegensatz zu ihrer Mutter arbeitete sie dreimal wöchentlich aktiv an ihrer Figur und ihrer Gesundheit – und seit zwei Wochen an ihrem Liebesleben, indem sie Jagd auf diesen süßen Jogger machte, der wie sie jeden Montag, Mittwoch und Freitag seine Runden um den Wildpark drehte. Vielleicht konnte sie heute Abend ein Gespräch anfangen. Wenn sie – wie immer – am Picknickplatz direkt neben dem Wildgehege eine kleine Verschnaufpause einlegte und Dehnübungen am Zaun machte, wäre das ein guter Zeitpunkt. Vielleicht ergab es sich danach, ein Stück gemeinsam zu laufen. Sie prüfte noch einmal ihr Outfit und pfiff die Melodie ihres Lieblingsjagdliedes:

Auf, auf zum fröhlichen Jagen,
auf in die grüne Heid …

Sie schloss die Haustür dreifach ab und steckte den Schlüssel in die MP3-Player-Tasche ihrer Leggings. Nach ein paar Schritten sah sie zurück und lächelte: Sie lebte in ihrem Traumhaus nah am Wald – etwas Schöneres gab es nicht. Jetzt fehlten zum perfekten Glück lediglich ein Jagdhund und ein passender Mann. Beide möglichst aufgeweckt, bewegungsfreudig und kuschelaffin.

Das edle Jägerleben
vergnüget meine Brust,
dem Wilde nachzustreifen
ist meine höchste Lust.

Mit diesem Rhythmus ließen sich die ersten fünfhundert Meter bis zum Waldwanderweg gut laufen; am See würde sie das Tempo später anziehen.

Wo Reh und Hirsche springen,
wo Rohr und Büchse knallt,
wo Jägerhörner klingen,
da ist mein Aufenthalt.

Die Liebe zu den Wildtieren und zum Jagen hatte sie von ihrem Vater. Alles, was die Jägerei abgesehen davon für ihr Leben bedeutete, hasste sie: dieses Gehabe im Club, die heimlichen Anzüglichkeiten der Freunde ihres Vaters. Doch wenn sie nichts unternahm, würde am 30. August, dem Jahrestag ihres Kennenlernens, auf dem Ball zur Eröffnung der Jagdsaison der von ihren Eltern und ihren designierten Schwiegereltern lang ersehnte Verlobungsring in ihrem Champagnerglas schwimmen.

»Von mir hast du's nicht, Kindchen«, hatte ihre Schwiegermutter in spe ihr beim letzten Barbecue ins Ohr gesäuselt.

Nach der halben Umrundung des Waldsees kam sie am Parkplatz vorbei. Ihre Beute hatte sie auf den drei Kilometern noch nicht ausfindig machen können. Ihr fiel auf, dass sie diesen Mann noch nie auf dem Parkplatz oder am angrenzenden Fahrradabstellplatz gesehen hatte. Vielleicht wohnte er, wie sie selbst, in fußläufiger Entfernung. Entweder in der Villensiedlung am See oder in dem kleinen versteckten Waldhäuschen hinter der Lichtung des Geheges. Dort in der Nähe hatte sie ihn ebenfalls joggen gesehen.

Während sie in ihrem zügigen Tempo die zweite Hälfte der Seestrecke in Angriff nahm, malte sie sich aus, wie sie gemeinsam mit ihm mitten im Wald in der Abendsonne auf dem Balkon unter dem Dachgiebel sitzen würde. Wie sie mit einem Glas Rotwein in der Hand über Gott und die Welt reden und gemeinsam schweigen würden. Wie sie sich im Mondlicht nackt auf der Wiese liebten. Sie konnte sicherlich so laut sein, wie sie wollte – es würden sich keine Nachbarn daran stören, hier hörte sie niemand.

Das Gras ist unser Bette,
der Wald ist unser Haus,
wir trinken um die Wette
das klare Wasser aus.

Als sie den See umrundet hatte, bog sie auf den kurzen Verbindungspfad ein, der zum Zaun des Wildgeheges führte. Da konnte sie bereits die ersten Tiere erblicken, die dösend unter ihrem Lieblingsbaum im Schatten lagen. Wie wundervoll und edel sie aussahen!

Die Rehe und das Hirschlein,
das schöne Wildbret schwer.

Während sie das alte Jagdlied weiter vor sich hin summte, tauchte ihr Zielobjekt in ein paar hundert Metern Entfernung auf. Der Mann lief am Zaun entlang in ihre Richtung. Wie athletisch er aussah! Ihr Herz klopfte schneller, sie klemmte sich im Laufen eine Haarsträhne hinters Ohr und zog ihr Tanktop glatt. Bauch rein, Brust raus!

Da sah er mit Vergnügen
das schöne Wildbret an.

Am Gatter verlangsamte sie ihr Tempo und tat, als beobachte sie das Wild. Sie blieb stehen und lehnte sich an den Zaun.

Die Gamslein Paar um Paare,
sie kommen von weit her.

Er verlangsamte sein Tempo, war nun knapp vor ihr. Sie beobachtete weiter die Tiere. Lässig stellte er sich an den Zaun direkt neben sie und sie schauten eine Minute auf das Wild, das sich in der Abendsonne wärmte. Das würde etwas werden heute, das spürte sie. Es musste einfach.

Lasst nur die Faulen liegen,
gönnt ihnen ihre Ruh,
wir jagen mit Vergnügen
*dem grünen Walde zu.**

Sie holte tief Luft. Der erste Satz lag seit zwei Wochen auf ihrer Zungenspitze parat. Was hatte sie schon zu verlieren?

**Das zitierte Jagdlied geht auf ein Gedicht aus dem 18. Jahrhundert von Gottfried Benjamin Hancke zurück.*

Teil II: Wildliebe

Er liebte diese Kühle, sie ließ ihn klar denken. Hier drinnen war es immer schön kühl, selbst wenn die Juli-Sonne die Waldlichtung einige hundert Meter unterhalb seines Hauses in ein kräftiges Abendgelb tauchte.

Wie ein Scheinwerfer, der seine Strahlen auf das Wesentliche richtet, dachte er. Fokussiert. Wie ich.

Vom offenen Fenster seines Schlafzimmers im ersten Stock des Waldhäuschens hatte er einen atemraubenden Blick durch das Sommerlaub der Bäume hindurch. In der Mitte ließen die Baumkronen eine Lücke für ihn: ein saftiggrünes Guckloch auf die in Gold getauchte Lichtung, die zum Wildgehege gehörte. Während er mit einem Barbiermesser zielsicher an seinem Bart entlangglitt, beobachtete er die Tiere in der Abendsonne – wie jeden Tag, wenn er sich nach der Arbeit kurz vor dem Dauerlauf zur Sicherheit noch einmal rasierte. Er sah dem Wild dabei zu, wie es Nahrung aufnahm oder schlummerte. Sah dabei zu, wie es unter den Bäumen eng beieinanderlag oder allein auf der Wiese stand.

Wie friedlich, dachte er, ein unbekümmertes Leben im Wald ... Vollkommener Frieden, bis zum unerwarteten Ende. So war das Leben eben und genauso liebte er es.

Er wischte den letzten Rest Rasierschaum mit dem T-Shirt ab, das er tagsüber vollgeschwitzt hatte, und zog sich frische Sportkleidung über. Manchmal belächelten die Leute, an denen er vorbeijoggte, den etwas in die Jahre gekommenen Ballonseide-Anzug, doch der erwies ihm ein ums andere Mal beste Dienste. Ohnehin sollte man an Bewährtem nicht rütteln, wenn eine Sache einmal perfekt lief.

Never change a running system, dachte er und lächelte über die doppelte Bedeutung, die diesem Sprichwort innewohnte.

Flink tippelte er die Holzstufen des Treppenhauses hinunter bis zum Hinterausgang. Es war sein Mini-Aufwärmprogramm, bevor er vor der Tür tief Luft holte und seinen Lauf begann. Ab hier liefen sowohl er selbst als auch die Zeit, die er stets beim Verlassen des Hauses auf seiner Pulsuhr stoppte. Er hatte sich für heute zwei Dinge vorgenommen: erstens, seine Strecke so zu timen, dass ihm die süße Joggerin über den Weg laufen musste, die montags, mittwochs und freitags in den Wald kam. Am kleinen Picknick-Areal neben dem Gehege legte sie stets eine Pause ein und beobachtete das Wild. Zweitens plante er, die junge Frau an diesem Abend irgendwie dazu zu bewegen, ein Stück mit ihm zu laufen. Alleine machte es nur halb so viel Spaß, und in den letzten Monaten hatte er glücklicherweise vereinzelt Laufpartnerinnen aufgetan, mit denen sich die Joggingrunden angenehm und kurzweilig gestalten ließen. Die eine oder andere wilde Maus hatte er sogar zu einem Besuch in seinem Haus überreden – nein: sie richtiggehend davon überzeugen – können.

Die Erinnerung an die gemeinsamen Stunden erregte ihn und er musste grinsen: Ja, auch heute war er auf alles vorbereitet, was da kommen könnte.

Die ersten paar hundert Meter führten ihn über die schmale Zufahrt, die nach links zur Hauptstraße abknickte. Er rannte jedoch weiter am Zaun entlang bis zum Eingang des Geheges, wo die Holzbänke und -tische standen. Noch war niemand da, er würde einfach weiter seine Runden drehen und nach ihr Ausschau halten. Kein Problem: Eine seiner Stärken war seine Ausdauer. Das Wild im Gehege zeigte sich noch nicht.

Die ersten zwei Runden lagen hinter ihm, als er endlich von weitem das Wild aus dem Wald kommen sah. Heute war lediglich ein Reh auszumachen, ohne Kitz. Die anderen Tiere hatten wohl noch keinen Hunger und lagen dösend unter ihrem Lieblingsbaum im Schatten. Er wischte sich den Schweiß mit dem Unterarm von der Stirn, damit er nicht weiter unangenehm in die Augen lief.

Da ist sie ja!

Sein Herz schlug schneller. Er war beileibe kein kontaktscheuer Mensch und sich seines Charmes durchaus bewusst; dennoch war er jedes Mal aufgeregt, wenn es so weit war. Die Joggerin stand am Zaun, gleich würde er sie eingeholt haben. Er verlangsamte sein Tempo, um den Zieleinlauf optimal auszukosten. Dieser knackige Arsch in den grauen Leggings … die sportlichen Beine … die Sonne auf ihrem Gesicht. Wie unbekümmert sich die roten Locken aus ihrer sorglosen Hochsteckfrisur herauskringelten … Das würde etwas werden heute, das spürte er. Es musste einfach. Wie beiläufig stellte er sich an den Zaun direkt neben die Frau und schaute eine Minute auf das entzückende Reh, das sich in der Abendsonne wärmte.

»Was fasziniert Sie an den Tieren?«, startete er die Unterhaltung. Ohne Floskeln, ohne Umschweife, ohne Augenkontakt. Er ließ seinen Blick unauffällig umherwandern.

»Ich bin Jägerin«, antwortete sie unbekümmert. »Und Sie?«

»Dann haben wir viel gemeinsam«, entgegnete er.

Sie lächelte und schaute zu, wie sich ein großer Mehrender zum Wassertrog schlich.

»Fällt es Ihnen nicht schwer, diese wunderschönen Geschöpfe zu töten?«, fragte er weiter.

»Es ist in der Tat eine besondere Herausforderung«, sagte sie und drehte sich zu ihm um.

»Ja, das ist es!«, bestätigte er und schaute ihr tief in die Augen.

Sie lächelte unbeholfen:

»Ich weiß nicht, wie Sie das sehen … Wissen Sie, viele verstehen das falsch: Wir Jäger lieben die Tiere. Wir töten sie nicht aus Verachtung, sondern weil wir sie eben lieben. Wir regulieren ihren Bestand, erlösen sie, wenn sie leiden … Abgesehen davon ist das Wildfleisch auch nicht zu verachten!«

Er nickte zustimmend und grinste. Süß, wie sie eine Haarsträhne um ihren Zeigefinger wickelte. Er sah, wie sie einen kurzen Blick auf seine Hände warf.

Nein, ich trage keinen Ehering, du kannst also ruhig einen zweiten Blick riskieren, dachte er, während die Jägerin weiter geradeaus auf die Lichtung blickte und lächelte.

Süß, dieses Lächeln, befand er. Sie stellt sich bestimmt gerade vor, wie sie vorsichtig den Rehrücken mit Speckstreifen spickt oder wie sie genüsslich das zarte Fleisch mit dem Messer zerteilt. Das hatte etwas Meditatives, Sinnliches. Oh ja, dieses Gefühl kannte er nur zu gut und freute sich schon auf sein eigenes nächstes Mal. Beziehungsweise sein nächstes *Mahl* ... Ein wohliges Kribbeln zog sich über seinen ganzen Körper.

»Ich esse allerdings lieber das Fleisch von freilaufendem Wild«, riss die Jägerin ihn aus seiner Vorfreude, »ich liiiebe diesen speziellen Geschmack!«

»Oh ja! Ich auch. Und wie!«, fiel er ein und betonte jedes einzelne Wort. Er starrte sie an. Mein Gott, wie schön und durchtrainiert sie war!

Unbeirrt schwärmte sie weiter:

»Vielen Leute schmeckt das *echte* Wildfleisch ja zu streng, aber... Wussten Sie, dass das vom Adrenalin kommt? Wegen der Angst. Die Tiere schütten auf der Flucht das Hormon aus, das setzt sich in den Zellen ab und verleiht dem Fleisch diesen speziellen Geschmack.«

Wie niedlich, sie fängt an zu plappern, freute er sich. Und wie verlegen sie mit ihren Haaren spielte. Sie weiß nicht, was sie tun soll. Ich weiß, was sie tun sollte, lachte er in sich hinein. Jetzt bloß keine unüberlegten Schritte, rief er sich zur Vernunft und versuchte sich wieder auf ihre Worte zu konzentrieren.

»Wie ist das mit Ihnen?«, fragte die Jägerin ihn gerade betont unaufgeregt, während ihre Wangen leicht erröteten und die Haarsträhne hinter ihrem Ohr verschwand. »Wie essen Sie Ihr Wild am liebsten?«

»Ich mag es am liebsten ganz wild, dann schmeckt es am besten!«, antwortete er spitzbübisch.

Sie kicherte leise.

Diese Wahnsinnsaugen! Dieser Blick, dachte sie.

Sie wippte ein wenig verlegen vor und zurück und lächelte, als er näher heranrutschte. Sein Gesicht kam ihrem näher, mutig hielt sie seinem Blick stand.

Er will mich doch nicht etwa küssen?

Ihr Lächeln wich einer Starre, als sie die Pistole sah, die er langsam aus der Jackentasche seines ballonseidenen Jogginganzuges zog.

»Dann schmeckt es am besten …«, wiederholte er langsam, während das Adrenalin in ihr hochstieg. »Und nun lauf, mein Rehlein, lauf!«

Graukörbchen und der böse Tod

Szene im Wald. ER mit Wanderstock. / SIE mit grauem Einkaufskörbchen.

Er: Na, Kleines? So ganz allein unterwegs im Wald?

Sie: Ich … äh … Wer bist'n du?

Er: Ich glaube, ich stelle hier die Fragen! Was bist du denn für ein entzückendes, naseweises Geschöpf?

Sie: Was? Weiße Nase? Wieso? … Also mein Hautarzt hat gesagt, ich darf nie ohne Sonnencreme nach draußen, sonst krieg ich bösen Hautkrebs und dann sterb ich.

Er: Na, das wollen wir doch nicht, oder? … Sag mal: Was hast du da in deinem Körbchen?

Sie: Alkoholfreien Aperol Spritz für die Großmutter und laktosefreien, veganen Kirschkuchen mit Sanddorn-Goji-Beeren-Topping.

Er: Ergh … das hört sich ja entsetzlich unlecker an!

Sie: Na ja, heute ist doch Futur Freitag, da gibt's immer nur bio ohne kalorischen Fußabdruck.

Er: Da fällt mir ein: Ich hab heute Morgen einen saftigen Nutella-Kuchen gebacken.

Sie: Echt?

Er: Na klar! Den würde ich gerne mit dir teilen.

Sie: Brauchst du dafür das Werkzeug da? *(zeigt auf den Stock)*

Er: Öh – genau … Komm, lass dein Körbchen stehen, das brauchst du nicht mehr!

Sie: Den Korb hab ich aber immer dabei, da ist alles drin, was ich für die Omma brauche! – Außerdem ist der mein Markenzeichen, seit ich auf der letzten Demo mein rotes Käppi verloren hab.

Er: Wie tragisch! – Na gut. Komm, Kleines, ich wohne gleich dort hinten, da hinterm Baum rechts um die Ecke. Hier geht's lang!

Sie: Ne, ne! Meine Mama hat gesagt, wir brauchen keine Männer, die uns sagen, wo's langgeht.

Er: So, so …

Sie: Ja, ja … Außerdem darf ich nicht mit fremden Leuten mitgehen!

Er: Ich bin doch jetzt nicht mehr fremd. Wie heißt du denn überhaupt?

Sie: Elvira.

Er: Hartmut.

Sie: Hä?

Er: *(singt)* Komm mit mir ins Abenteuerland …

Sie: Du bist aber nicht der Engler!

Er: Muharharhar!

Sie: Du bist der Teufel!

Er: Jaaa, und weißt du, womit ich mich am besten auskenne?

Sie: Womit?

Er: Mit dem Tod! Muharharhar …

Sie: Also, das glaub ich schon mal nicht! Wusstest du, zum Beispiel, dass jeden Tag mehr als einhundertfünfzigtausend Menschen sterben?

Er: Ja? Wie überaus interessant …

Sie: Siehst du?! Wusstest du nicht. Das ist nämlich mein Spezialthema, da hab ich jetzt in der Neunten gerade ′ne Facharbeit drüber geschrieben.

Er: So, so, Fräulein Neunmalklug.

Sie: Du weißt sicher auch nicht, dass jedes Jahr besonders dumme Todesfälle mit dem ‚Darwin Award' ausgezeichnet werden!

Er: Dumme Todesfälle? Also, ich finde ja, es gibt keine dummen ...

Sie: Wohl, und weißt du was?

Er: Was?

Sie: Die Auszeichnung ging bisher 282 mal an Männer und nur 36 mal an Frauen. Meine Mama sagt...

Er: 37 ... hähähähä

Sie: Willste einen hören?

Er: Joa, wenn wir dann schon mal in Richtung Nutella-Kuchen ...

Sie: In Kenia wollten zwei Männer ein Selfie mit einer Elefantenherde machen. Es reichte den beiden aber nicht, sich in gebührendem Abstand neben die Tiere zu stellen – nein, sie meinten unbedingt, die Dickhäuter auch im Gesicht betatschen zu müssen ...

Er: *(tut so, als legte er von hinten seine Hände um ihren Hals)* »Nur gucken, nicht anfassen« gefällt mir ja persönlich gar nicht!

Sie: Der hier gefällt mir am besten: Es war einmal 2006 im englischen Leicester. Da stand die Polizei vor einem Rätsel …

Er: *(zu sich)* Ich hier auch: Wie krieg ich dieses renitente Blag bloß in meine Hütte?

Sie: Ein junger Mann wurde mit Messerstichen in der Brust in seinem Haus gefunden.

Er: Na und? Überfälle gibt es viele. Apropos ... Komm jetzt!

Sie: Zeichen eines Einbruchs gab es aber nicht, und die Stiche sahen so aus, als hätte er sie sich selbst zugefügt.

Er: Na, dann ist die Sache doch klar und wir können los! Nutella-Kuchen, du erinnerst dich?

Sie: Mitnichten. Der 33-Jährige galt nämlich nicht als selbstmordgefährdet.

Er: Und wenn schon – der Kuchen, Kleines! Holst du eigentlich auch mal Luft zwischendurch?

Sie: Mh. Seine Ehefrau konnte schließlich das Rätsel lösen: Ihr Mann habe sich schon länger gefragt, ob das Material seiner Jacke wohl Messerstiche abhalten könne. Leider war er anscheinend nicht auf die schlaue Idee gekommen, die Jacke vorher auszuziehen, bevor er versuchte, der Sache auf den Grund zu gehen.

Er: Ich geb's auf. Da falle ich ja lieber tot auf dem Waldfriedhof um, als mir dieses Geplapper weiter ... *(geht entnervt weg)*

Sie: *(ruft ihm nach)* Hey! Wo gehst du denn hin? Möchtest du nicht noch die Geschichte von dem Terroristen hören, der eine Briefbombe verschicken wollte? Nein? Die ist aber wirklich witzig!

Er: *(winkt aus der Ferne ab)*

Sie: Er hatte nämlich zu wenig Porto auf den Umschlag geklebt und der Brief kam zurück ... Und wenn er nicht so neugierig gewesen wäre, dann lebte er noch heute.

ENDE

**Mein erster Sieg bei einem Poetry Slam (C@fé 42, Gelsenkirchen, Valentinstag 2020).*

Damenwahl – oder: Mit den Waffeln meiner Frau

Sonntag, 12:30 Uhr. Ein Pärchen sitzt am Mittagstisch. Im Hintergrund läuft Schlagermusik, zu der man Discofox tanzen könnte.

Er: Mach endlich diese beknackte Mucke aus, bevor ich Amok laufe!

Sie: Ich dachte, das wäre eine nette Erinnerung!? Heute, an unserem Kennenlerntag. Noch Kartoffeln, Mausbärchen?

Er: Kennenlern-WAT?

Sie: Tanz in den Mai, vor zwei Jahren. Soße ist auch noch da.

Er: Zwei Jahre ist das erst her? Kommt mir viel …

Sie: Wie du damals da an der Theke standest …

Er: War ja auch nur im Suff zu ertragen, dieses … dieses *Schneckenrennen mit Speed-Dating*.

Sie: Ich habe den ganzen Abend versucht, mit dir Augenkontakt aufzunehmen.

Er: Deshalb ja der Alkohol.

Sie: Also wenn du noch ein Bier möchtest, musst du selbst in den Keller! Du warst aber schon beim Maitanz, um eine Frau kennen zu lernen!?

Er: Schon, aber die wollte ich mir eigentlich alleine aussuchen ...

Sie: Hier, noch ein Stück Roulade, die magst du am liebsten.

Er: Geh mir weg mit dem Rollfleisch – und merk dir endlich: Ich hasse den Speck da drin! ... Na, du hast mir ja keine Wahl gelassen. Da nicht und seitdem nicht.

Sie: Du wusstest, was dich erwartet. Die ganze Stadt war schließlich zuplakatiert mit *Ü30 in den Mai – Keiner tanzt allein*. Spätestens an der Eingangstür unserer Tanzschule ...

Er: Pah, freiwillig! Ich war da, weil Günna und Rollo keine Karten mehr für den Schweineball gekriegt hatten. Da wollte ich hin! Mit 'ner bodenständigen Jeansträgerin gepflegt ein Pilsken picheln. Das wollte ich! Nicht zusehen, wie aufgetakelte Restware Hausfrauensalsa tanzt und Piccolöchen kippt.

Sie: Hugo-Maibowle, Mausbärchen. Was ist heute los mit dir? Seit meine Eltern gegenüber eingezogen sind, bist du irgendwie komisch geworden ... So kenne ich dich gar nicht!

Er: Du wirst mich noch richtig kennen lernen, keine Bange!

Sie: Man wird sich im Übrigen wohl noch etwas flott zurechtmachen dürfen, oder nicht? Seit ich dir deine Klamotten kaufe, siehst du auch gleich viel adretter aus. Außerdem: Ich hatte gedacht, du tanzt gerne!

Er: Höchstens mit drei Promille, wenn die letzten Gäste von der Fete gefegt werden sollen. Was denkst du, warum ich ursprünglich im Bierzelt feiern wollte? Weil ich geil auf ChaChaCha-Hüftgewackel bin? Warum hab ich mich wohl mit meiner *Knieverletzung* nicht vom Tresen wegbewegt? ... Jetzt hau endlich den Pudding weg, ich hab noch was vor!

Sie: Wie – »was vor«? Ich hab dir gesagt, mit diesem Günter triffst du dich nicht mehr, der ist kein Umgang! Was denn »vor«, an unserem Kennenlerntag?

Er: Zeig ich dir: Komm mit in den Partykeller runter!

Sie: Zur Feier des Tages darf ich in deine *Männerhöhle,* wo du früher mit deinen Kumpels abgehangen hast? Wow!

Er: *(murmelt vor sich hin)* Der einzige Ort, der mir geblieben ist.

Sie: Hast du was gesagt?

Er: Nein, seit dem 30. April damals nicht mehr. Hab ich ja nichts mehr zu sagen, seit der DJ *Damenwahl* ins Mikro gebrüllt hat.

Sie: Was ist an Damenwahl auszusetzen? Das ist doch eine nette Idee!

Er: Nett – ja, ne. Bei *Damenwahl* denk ich einzig und allein an 1986. Tote Hosen, drittes Album. Das ist vernünftige Musik! Nicht so eine weichgespülte Dreh-dich-im-Kreis-Kacke. *Bombenstimmung* oder *Das Altbierlied* – das hat Stil! Und mein absolutes Highlight: *Freitag, der 13.* Apropos …

Sie: Ich dachte, du bist nicht abergläubisch … Ist heute Vollmond, Mausbär?

Er: Nur in Wanne-Eickel. Fertig mit Essen? Dann los, lass uns in den Keller!

Sie: *(ruft ihm die Treppe hinunter hinterher)* Lauf nicht so schnell, ich komm nicht mit!

Er: Das glaub ich dir sofort.

Sie: *(ruft)* Wenn du eine Etage tiefer bist, kann ich dich nicht hören. Was hast du gesagt?

Er: *(brüllt nach oben)* Dass du nicht den ganzen Tag in hohen Hacken durch die Bude stöckeln musst – das ist affig!

Sie: *(bei ihm unten angekommen)* Ich dachte, du findest das sexy …

Er: Wenn der Rest passt, ja. *(geht zügig Richtung Partykellerraum)*

Sie: Nun renn doch nicht so! Man könnte ja meinen, dein Kotelett brennt in der Pfanne an.

Er: In dem Fall würde längst ein Löschzug vor der Haustür stehen und den Schlauch abrollen – deinetwegen hängt ja in jedem verdammten rechten Winkel ein Rauchmelder.

Sie: Das dient nur zu unserer Sicherheit, Mausbär! Vor allem hier unten im Keller. Hinterher fängst du heimlich wieder an zu rauchen und lässt die Zigarette liegen und …

Er: Hier, ebenso zu deiner Sicherheit: Setz dich! … Nicht auf die Bank, auf den Gartenstuhl hier!

Sie: Was? Sag mal, was reitet dich bloß heute?

Er: Mach ein verdammtes Mal ohne Widerrede, was ich dir sage!

Sie: Ich will sofort wissen, warum!

Er: Das glaube ich dir aufs Wort! Setz dich einfach, sei ein einziges Mal spontan!

Sie: Auf der Bank ist es viel bequemer! Da habe ich extra die schöne Sitzauflage für nähen lassen. Passend zu den Vorhängen und den Schabracken.

Er: Guck mal, wer da spricht …

Sie: Ich will sofort wissen, was du vorhast!

Er: Das wirst du schon merken.

Sie: Was willst du mit der Rolle Rouladenband? Lass meine Hände los! Sag mal, spinnst du? Nur, weil ich mit meinen Mädels in *Fifty Shades of Grey* war, heißt das nicht … Aua!

Er: Auf was du stehst oder nicht und ob du dein Spielzeug im Baumarkt kaufst, ist mir völlig egal. Und wenn ich fuffzig Grautöne sehen will, geh ich ins Altenheim und besuch unser Omma. Wohin du, wohlgemerkt, noch nie mitgegangen bist. Aber jeden Samstag, den der liebe Herrgott werden ließ, musste ich mit zu deiner. Waffeln essen. Jeden. Verdammten. Samstag. Bundesliga hin und her – Hauptsache, wir haben heiße Kirschen auf dem Teller!

Sie: Wenn du keine Waffeln magst, hätten wir etwas anderes …

Er: Als wenn dir jemals wichtig gewesen wäre, was ich möchte! Von Anfang an hast du doch bestimmt, wo es langgeht: Beim Tanz in den Mai hast du die Hacken in die Hand genommen, kaum, dass der DJ *Damenwahl* zu Ende gebracht hatte. Wahrscheinlich hast du dem zwanzig Euro zugesteckt und den anderen Kalinen Beinchen gestellt. Alles hast du bestimmt: Dass die Farbe unserer Zahnbürsten Ton in

Ton mit der Badematte und der Klorolle sein muss. Das ist doch für'n Arsch! Und meine Oberhemden – man lasse sich das auf der Zunge zergehen: Ich besitze O-ber-hem-den. Die haben Farbtöne, die ich noch nicht einmal buchstabieren kann. Und seit zwei Jahren quetsche ich mich mit grenzdebilen Sangria-Eimer-Trägern in irgendwelche Billigflieger, anstatt gediegen im Allgäu Kühe anzustarren. Und nein, du bist die Einzige, die findet, dass ich in einem Smart »süß« aussehe … Damit ist jetzt Schluss!

Sie: Du machst mir Angst, Fred.

Er: Und womit? Mit Recht. Pass auf: Heute kriegst du Waffeln von mir. So viele du willst! Wie sagt Rollo immer, wenn sich jemand die letzte Wurst vom Grill nimmt? »Erstick dran!«

Sie: Das ist ja Omas Waffeleisen, wo hast du das denn…?

Er: Die kompletten zwei Jahre hast du komplett über mein Leben bestimmt, jetzt bin ich dran. Jetzt gönn ich mir – die winzig kleine Entscheidung darüber, auf welche Weise ich dich hops gehen lasse.

Epilog

Sie: Sie wundern sich sicherlich, dass ich Ihnen diese Geschichte erzählen kann. Nun, Sie wundern sich vielleicht nicht darüber, dass ein Mann, selbst wenn er eigentlich bereits gewonnen hat, gerne noch einen Triumph obendrauf packt. Die Trophäe, mich noch ein letztes Mal zu *besitzen*, die glänzte wohl zu verlockend. Tja, wie drücke ich es am besten aus? Sagen wir so: Wenn das Hirn nicht mehr mit Blut versorgt ist, dann werden die Männer nur allzu schnell leichtsinnig. Und leichtgläubig. Und die Fesseln zu locker …

Ich habe übrigens im Keller vor kurzem eine neue Wand einziehen lassen. Mit dem so gewonnenen Abstellraum wirkt alles gleich viel aufgeräumter. Wie mein neues Leben. Leider musste ich meiner Großmutter das Waffeleisen erstatten. Das alte hatte ich beim Alten gelassen. Tja, der sah hinterher aus wie neu: mit einer Delle am Hinterkopf (in Waffeleisenform) und ein paar fiesen Brandwunden an ein paar sehr empfindlichen Stellen. Mit

Waffelmuster. In Herzchenform. Aber hey, schließlich habe ich ihn mal geliebt …

Ganz unter uns: Mein Lieblingstitel von dieser Tote Hose-Platte ist ja *Verflucht, Verdammt, Gebrandmarkt*. Wie dem auch sei, jetzt muss ich wirklich los, der neue Kurs fängt gleich an: *Salsa für Singles*. Es geht doch nichts über einen Mann, der tanzen kann, hab ich recht?

**Der Text war 2017 nominiert für die Recklinghäuser Literatur-Eule und wurde im selben Jahr in der Anthologie der Neuen Literarischen Gesellschaft Recklinghausen veröffentlicht (‚30. Recklinghäuser Autorennacht', 1. Auflage November 2017, ISBN 978-3746018768).*

BONUS-TRACKS

Inside Juliet

Tot? … Die Sätze seines Freundes legten sich wie ein Nebel um Romeo. Seine Julia? Das konnte, das durfte, das sollte nein: Das würde nicht sein. Juliet, seine *O sole mio,* die durch Pater Lorenzos heimliches Tun zu seinem Eheweib geworden war? Er musste nach Verona zurück, *as soon as possible* – koste es, was es wolle! Und sei es sein Leben ...

So schnell die Hufe seines Gauls es zuließen, ritt Romeo alsdann aus Mantua hinfort. Die postkartenpittoreske Schönheit der Lombardei flog mit dem Fahrtwind an ihm vorbei, er ließ die majestätischen Castelli in Verona unbeachtet liegen und passierte eine Piazza nach der anderen mit wehenden Fahnen. Er hatte nur ein Ziel: die Familiengruft derer von Capulet.

Romeo sprang vom Pferd und stolperte die unebenen Stufen hinab. Da lag sie. *Santo Dio!* Es war also wahr … Auch wenn die Etsch da draußen spöttisch weiter vor sich hinfloss: Sein Blut war zum Stillstand gekommen. Er kniete sich neben den steinernen Altar und griff in seinen Lederbeutel. Seine Finger umfassten fest den gnädigen

Giftflakon: Bald würde die todbringende Tinktur sie für immer vereinen.

Julia, Giulietta, Julie, Julz, Julchen … Nur noch einmal die Weichheit ihrer Haare durch seine Finger fließen lassen … Ein letztes Mal ihre Pergamenthaut spüren … ihren Duft einatmen, der Vergissmeinnicht verhieß. Nur noch ein einziges Mal ihren ewigen Bund mit einem Kuss besiegeln …

Romeo seufzte, schloss die Augen und beugte sich langsam über Julia. Doch was war dies? Irritiert hielt er inne. Julias Mundwinkel zogen sich nach oben, die geliebten Grübchen flankierten die tausendfach geküssten Lippen. *The world outside* Romeo blieb in dieser Sekunde abermals stehen.

»Reingefallen!« Julia schlug die Augen auf und grinste verschmitzt.

Noch war das Entsetzen in Romeos Gesicht zu sehen, doch Julia begann zu kichern. Das Kichern wurde zu einem Prusten und dann zu einem ausgewachsenen Lachen. Erleichtert fiel er mit ein.

Und irgendwo bellte ein Hund.

Ins Licht

Wenn einst mein Lichtschein dich berührt,
so sei gewärmt –
erschrecke nicht,
auch wenn mein Strahl den deinen bricht.

Wer zuerst da ist

**Die Kurzgeschichte ging als Sieger in einem internen Wettbewerb des Edition Paashaas Verlags Hattingen hervor, bei dem es galt, eine Fortsetzungsgeschichte zu schreiben. Der nachstehend gedruckte Anfangsteil war dabei die Vorgabe von Inhaberin Manuela Klumpjan. Alle Geschichten des Wettbewerbs wurden im Anschluss veröffentlicht in der Anthologie ‚Strandgeflüster ohne Ende', Edition Paashaas Verlag, Hattingen, 2021. (Abdruck mit freundlicher Genehmigung des Verlags.) www.verlag-epv.de*

‚Wer zuerst da ist' entstand, als ‚Gestorben wird immer – oder: Radieschen von oben' schon längst uraufgeführt war. Mit über 20 Minuten Vorlesezeit wäre die Geschichte auch leider zu lang, um Teil des Lesebühnenprogramms zu sein. Da sie aber prima hineinpassen würde, wie wir finden, haben wir sie als Bonus in dieses Buch gepackt; ferner können Sie sich eine frei zugängliche Audioversion auf meiner Homepage www.lesebuehne.com anhören. Viel Vergnügen damit!

Anfang der Geschichte von Manuela Klumpjan

Es dunkelte bereits, als sie nach gut drei Stunden endlich in den Dünen ankamen. Voller Elan schmiss Lea ihr Fahrrad in den Sand. Endlich Meer! Der Wind wehte ihr die zerzausten langen Haare mitten ins Gesicht – ihr doch egal! Ohne das Rad abzuschließen, rannte sie direkt hinunter zum Strand. Sie schleuderte ihre Schuhe von sich weg und lief barfuß direkt ins salzige Nass.

»Hey, Lea, warte auf mich! Ich schließe noch schnell ab, man weiß ja nie …«

Kopfschüttelnd sah Marvin Lea hinterher. Wo hatte die nur diese Energie her? Wenn es nach ihm ginge, würden sie jetzt einfach hier im Dünengras sitzen und was essen. Er sah das Meer doch, warum sollte er direkt hineinlaufen? Lea blieb ihm, wie so oft, ein absolutes Rätsel …

Plötzlich erklang ein lauter Knall. Keine Ahnung, wo er herkam. Auch Lea blickte sich um, entdeckte aber nichts. Marvin zuckte mit den Schultern und lief dann auch endlich hinunter zum Strand.

Sie gingen eine Weile beide nebeneinander mit den nackten Füßen durchs Wasser. Außer ihnen war keiner sonst zu sehen.

»So schmeckt der Sommer!« Lea begann zu singen, irgendwie hatte es ihr die alte Langnese-Werbung gerade angetan.

»Ein Eis, ja, das wäre es! Schau mal, da hinten scheint eine Strandbude zu sein! Wer zuerst da ist!«

Damit rannte Marvin lachend los und ließ eine ziemlich verdutzte Lea zurück.

Ja, wenn es ums Essen geht, kann er sich bewegen, dachte sie noch, bevor es ihr schwarz vor Augen wurde …

Fortsetzung der Geschichte von Claudia Kociucki

Marvin gab Gas. Zieh, zieh ... zieh! Er wechselte weiter nach rechts, wo der Sand etwas fester war, um nicht so tief einzusinken. Am Strand ließen sich Entfernungen schlecht einschätzen, es war vermutlich mehr als ein halber Kilometer bis zur Bude.

Mal sehen, ob ich dich nicht heute nass machen kann, Lea … Mal sehen, wer zuerst da ist und sich ein Eis bestellt!

Gegen Lea hatte er, sportlich gesehen, keine Chance, außer wenn man Billard als Sport ansah. Da machte sie ihm nichts vor. In den vier Jahren, die sie sich jetzt kannten, hatte sie vier Spiele gewonnen – eins pro Jahr. Zweimal war die schwarze Acht aus Versehen ins falsche Loch gekullert; einmal hatte er Lea an ihrem Geburtstag gewinnen lassen, und im letzten Jahr war er schier zu betrunken gewesen. Semesterabschlussfete, da war er unschuldig.

500 Meter

Ansonsten war Lea diejenige, die die Nase vorn hatte, wenn sie sich maßen: Beim Schwimmen war sie eine Bahn schneller, egal auf welcher Distanz, egal in welchem Schwimmstil.

»Ein Wunder, dass du überhaupt ankommst mit deiner Technik«, lachte Lea, wenn sie in den Sommersemesterferien früh morgens den See durchquerten.

Überhaupt nicht seine Tageszeit. Was tat er nicht alles, um ihr nahe zu sein?

»Du erinnerst mich an unseren Hund«, neckte sie ihn des Öfteren. »Na los, streng dich an, du Dackel, wer zuerst da ist!«

400 Meter

Wenn Marvin am anderen Ende des Sees angekommen war, gab Lea ihm mit einer Wasserfontäne die Loser-'Sektdusche', was zuweilen in einer wilden Wasserschlacht endete. Zurück zum Steg schwammen sie gemächlich und schweigend nebeneinander. Wie oft hatte er sich vorgenommen, in diesen Momenten mit ihr zu reden, die Sache anzusprechen. Getan hatte er es nicht.

Wenn niemand sonst zu sehen war, zog Lea ihren nassen Badeanzug aus und ließ sich auf ihr Saunatuch plumpsen.

»Du Spießer!«, schalt sie ihn und lachte.

Wenn noch weitere Leute am See waren, blieb sie zum Glück angezogen und Marvin chillte erschöpft auf seinem Handtuch, während Lea quer über den Rasen Rad schlug oder an ihm zerrte und versuchte, ihn zu Federball, Frisbee oder Hacky Sack zu animieren. Sie war einfach nicht kaputt zu kriegen. Die Frau war echt anstrengend! Trotzdem.

300 Meter
(Am Strand zu rennen war, als schleppe man Meter für Meter zwei Sandsäcke an den Beinen hinter sich her.)

Wie machte Lea das? Selbst die drei Stunden Radfahren heute hatte sie mit Leichtigkeit und plaudernd hinter sich gebracht. Ihm zuliebe hatte es zwei Pausen gegeben – ihr hatte es gereicht, während der Fahrt ein paar Schlücke aus der Wasserflasche zu nehmen. Lea war nicht umsonst eine der fittesten Sportstudentinnen ihres Jahrgangs. Sie war wie diese Jump 'n' Run-Männchen in den Videospielen, mit denen er sich abends die Zeit vertrieb, wenn er von der letzten Mathe-Vorlesung zurück ins Studentenwohnheim kam und Lea anderweitig verplant war.

200 Meter
(Handy, Schlüsselbund und Portemonnaie drückten beim Laufen in die Leiste.)

Welch ein genialer Zufall, dass er und Lea im ersten Semester zwei Zimmer im selben Wohnheim bekommen hatten! Nicht auf demselben Gang, jedoch so nah beieinander, dass sie zusammen abhängen, gemeinsam kochen und parallel büffeln konnten. Sie hatten bei der Erstsemesterbegrüßung nebeneinander gesessen, und Marvin stand seitdem in Flammen. Wenn sie nichts miteinander unternahmen (was in den meisten Fällen von Lea ausging), saßen oder lagen sie auf einem der Hügel hinter dem Hochhauskomplex (was Marvins Präferenz war) oder sahen mit den anderen Studis im Aufenthaltsraum im Keller fern (was für beide als Plan B herhielt). Ins Untergeschoss zu gelangen war für Lea ein Jump 'n' Run-Parcours, denn Lea würde nie den Fahrstuhl benutzen – ob zwei Stockwerke oder sieben. Sie würde stattdessen das usselige Treppenhaus wählen, das so aussah, als wäre es seit dem Erstbezug in den 70ern nicht mehr vernünftig geputzt worden. (Wahrscheinlich die gleiche Putzkolonne, die die Uniflure wischte oder eben nicht wischte.) Lea drückte in der sechsten Etage auf den Knopf, um den Fahrstuhl anzufordern, und weg war sie.

»Wer zuerst da ist!«, rief sie ihm vergnügt aus dem Flur zu, und mit einem großen Rummms fiel die Brandschutztür zum Treppenhaus ins Schloss zurück.

Lea war eine, die zwei Stufen auf einmal nahm und am Ende jedes Treppenabsatzes die letzten beiden übersprang. Sie schaffte es, stets eher anzukommen als Marvin mit dem Aufzug, der mehr Jahre auf dem Buckel hatte als er.

100 Meter
(Die Strand … hütte … kam einfach … nicht … näher.)

Was für eine bescheuerte Idee, dachte Marvin. Wie hatte er a) annehmen können, die Distanz im Sprint zu schaffen, vor allem b) nach einem dreistündigen Fahrrad-Marathon und c) vor Lea das Ziel zu erreichen?

»Nie nach hinten gucken, niemals!«, hatte Lea ihm eingebläut.

Nach hinten zu schauen brachte einen aus dem Tritt, brachte einen aus der Spur. Marvin widerstand seinem Impuls, kurz über die Schulter zu schauen, wo Lea abblieb.

Lea war ein Energiebündel, so ganz anders als er. Sie war spontan, und sie zog ihn mit. Natürlich war dieser Wochenendausflug ihre Idee gewesen. Vorgestern.

»Du tust so, als wärst du fünfzig«, hatte sie ihn geneckt, »dabei sind das schlappe fünfzig Kilometer bis zu diesem Zeltplatz hinter den Dünen. Das schaffen wir in zwei Stunden.«

»Du vielleicht.«

Lea hatte nicht lockergelassen: »Och, komm, das ist das letzte Wochenende, bevor wir für die Prüfungen lernen müssen. Ab Montag haben wir ein halbes Jahr keine Zeit für so etwas.«

»Ja, schon ... Aber zelten?! Mit dem ganzen Gepäck auf dem Rad? Wenn uns das unterwegs einer klaut ...«

Lea hatte die Augen verdreht: »Quatsch. Donnerstag nach der letzten Veranstaltung fahren wir! Gut, dass ich mir in diesem Semester den Freitag freigehalten habe, was? Wann hast du Schluss?«

»Um sechs. Ausgabe der Skripte für die Übungsklausuren. Da muss ich hin.«

»Abgemacht.«

Lea hatte es also beschlossen.

»Keine Widerrede, Marvin: Es ist mindestens bis 22 Uhr hell und bis dann ist auch die Zufahrt zum Campingplatz geöffnet. Wir haben doppelt so viel Zeit, wie wir brauchen.«

»Ich habe gar nichts gesagt, Lea!«

»Wolltest du. Gib es zu!«

Zieleinlauf

Leas Ausdauer war um Längen besser als seine. Dass sie ihn nicht überholt hatte, war komisch. Marvin taumelte auf die Strandhütte zu und schlug beim Abbremsen mit der Handfläche auf die Seitenwand.

»Erster!«

Er ging ein paar Schritte, beugte sich nach vorn, stützte die Hände auf die Oberschenkel und japste.

»Erster ...«

Niemand antwortete darauf. Niemand machte eine Bemerkung über seinen Laufstil, niemand klopfte ihm auf die Schulter, niemand lachte. Marvin drehte sich um. Lea war nicht da. Lea war überhaupt nicht gestartet, so wie es aussah. Sie befand sich dort hinten an der Stelle, von wo er losgerannt war. Er wischte sich mit dem Arm den Schweiß von den Augen, der sofort wieder nachlief. Lea stand nicht – sie lag. Lag auf dem Rücken, soweit er es erkennen konnte, die Beine halb im Wasser. Marvin war versucht, eine Sekunde lang zu glauben, dass es Absicht war und es ihr schlichtweg gefiel, dass die kleinen Wellen sie in regelmäßigen Abständen bis zum Bauch umspülten. Er kniff die Augen zusammen. Blickte von Lea weg zur Bude. Wog ab. Was ging schneller? Erst zu Lea, sehen, was los war? Von hier aus Hilfe holen? Jemanden mitnehmen? Er zögerte kurz.

»Hallo? Hallo!? Ich brauche Hilfe!«

Marvin schlug kräftig an die Seitenwand der Hütte, während er zur Vorderseite ging. Der Langnese-Aufsteller mit den Eissorten stand neben dem Mülleimer, die Fensterläden über dem Tresen waren geschlossen.

»Scheiße ... Scheiße!«

Das war so was von klar! Marvin drehte sich um – ein wenig zu abrupt – und stolperte über seine Beine. Fing sich und rannte zurück.

500 Meter

»Lea!«

Sie würde ihn von hier nicht hören können, das war ihm klar.

»Lea!«

Niemand sonst würde es hören. Das hatte man davon, wenn man in der Nebensaison an einsame Sandstrände fuhr …

»Ich bin gleich da!« Marvin brüllte gegen den Wind an. »Ich komme.«

Es war wie in seinem wiederkehrenden Traum, in welchem er durch ein Moor lief und lief und lief und bei jedem Schritt einsank, sich bei jedem Schritt kaum aus dem zähen Morast befreien konnte. Als hielte ihn jemand mit einem riesigen Gummiband am Rücken zurück. Kam er überhaupt voran?

»Lea ...«

Es dauerte ewig. Gleich. Wer zuerst da ist ...

Seltsame Gedanken drängten in seinen Kopf. Im letzten Jahr hatten zwei Brüder auf Usedom den Weltrekord im

Strandkorb-Sprint aufgestellt und das 60 Kilo-Ding in weniger als fünf Sekunden über zwanzig Meter weit geschleppt. Wieso fiel ihm das ausgerechnet jetzt ein? Hier gab es weit und breit keinen einzigen Strandkorb. Bescheuert.

Marvin ächzte und versuchte, seine eigenen siebzig Kilo über die letzten zwanzig Meter ins Ziel zu bringen. Lea schien sich nicht zu bewegen, allein die Ausläufer der flachen Wellen schoben die Arme und Beine leicht hin und her.

»Lea!«

Marvin sank auf die Knie, stützte sich mit den Händen im Sand ab und versuchte Luft zu bekommen.

»Lea ... Lea ... was ist los? … Lea?«

Er rüttelte leicht an ihren Schultern. Gab ihr einen Klaps auf die Wangen. Knuffte sie in die Seite. Keine Reaktion.

»Hey! Komm schon! Hier, hier bin ich!«

Er beugte sich zu ihr herunter und versuchte zu erspüren, ob sie noch atmete. Schwer zu sagen: Ihr Brustkorb hob und senkte sich mit den Wellen, die bis an ihr Herz herankrochen. Sollte er sie weiter hoch ziehen, damit sie im Trockenen lag? So liegen lassen? Was, wenn man ihre Lage nicht verändern durfte? Atmete sie jetzt noch? Atmete sie nicht?

»Lea!«

Er schrie ihr ins Ohr. Die Haut an ihren Wangen war so kalt wie das Meerwasser an seinen Füßen. Er fühlte den Puls an ihrem Hals. Er fühlte nichts. Was um alles in der Welt …? Marvin stand auf, trat einen Schritt zurück, legte die Hände auf seinen Kopf.

»Denk nach, Marv, denk nach!«

Er fummelte das alte Nokia aus seiner Hosentasche. Seine Hand war nass und so glitt das kleine Handy herunter und fiel in den Sand. Nicht ins Wasser, das hätte noch gefehlt. Oh Gott, Lea … Er hob das Telefon auf und versuchte, die klebrigen Sandkörner weg zu pusten, die sich zwischen die Tasten und in die Umrandung gesetzt hatten. Um 22 Uhr schloss der Campingplatz! Marvin schaute sich um. Schaute zur Verkaufshütte zurück. Schaute die Dünen hoch. Niemand kam. Niemand half ihm entscheiden.

»Verfluchte Scheiße!«

Was für eine verdammt bescheuerte Idee, das alles. Das Wettrennen. Das Wochenende. Die Radtour. Alles. Warum liebte er diese Frau so sehr, dass er diesen Mist mitmachte? Immer. Nur, um ihr nahe zu sein.

Er schaltete das Mobiltelefon ein und wartete auf die PIN-Eingabe. So, jetzt. Leere. Komplette Leere in seinem Hirn. Er tippte vier Ziffern ein. Die falschen.

»Das darf nicht wahr sein!«

Marvin zitterte. Er kniff die Augen zusammen und versuchte, sich an die Eselsbrücke für die Nummer zu erinnern. *Sieben Schwäne* … Was war mit diesen verdammten Schwänen nochmal? *Sieben Schwäne … waren …* nein: *warfen … würfeln … einen … einen Sechserpasch*. Das war es! Zu selten benutzte er sein Handy. Brauchte er nicht: An der Uni sah er Lea fast jeden Tag, und seine Eltern besuchte er jede Woche, das reichte.

Konzentrier dich, Marv!

Also, zweiter Versuch: 7 … 2 … 6 ... 6. Hä? Wieso …? Vermutlich vertippt. Blöde Tasten! Die Dinger waren aber auch verdammt klein.

»Bitte, bitte, bitte ...«, murmelte er, während er zum dritten Mal vier Ziffern eingab.

Letzte Chance.

Na endlich! Das Display zerstörte die Freude in Sekunden: Kein Netz. Erbarmungslos. Nicht ein verdammter Balken. E-Plus, echt ey! Immer dasselbe. Jedes Mal, wenn er irgendwohin unterwegs war. Kein Netz.

Marvin, der sonst so coole Marvin, pfefferte das Handy mit voller Wucht Richtung Dünen. Mit einem Schrei, der Tote zum Leben erweckte. Lea hätte ihn nicht wiedererkannt.

»Lea? Lea?«

Nicht noch mehr Zeit verlieren ... Marvin kniete sich neben sie, atmete durch und holte ins Gedächtnis, was er im Zivildienst gelernt hatte. Wer zuerst da ist.

»Den Kopf leicht nach hinten strecken«, spulte er den Ablauf ab, »Mund öffnen, Nase zuhalten und Atem spenden.«

Atmen. Atmen. Atmen für Lea. ... Nichts.

Nochmal.

Nochmal.

Nochmal.

Marvin prüfte erneut den Puls, fasste sich ein Herz und begann mit der Herzdruckmassage, immer im gleichen Rhythmus: Jump 'n' Run. Atmen. … Jump 'n' Run. Atmen. … Jump 'n' Run. Atmen.

Marvin stand oben an der Stelle, wo er damals sein Fahrrad abgeschlossen hatte. Zehn Jahre zuvor, auf den Tag genau. Es hatte sich viel verändert. Dennoch sah er, wie der Wind Lea die zerzausten langen Haare mitten ins Gesicht wehte. Sah, wie sie – ohne das Rad abzuschließen – direkt hinunter zum Strand rannte. Sah, wie sie ihre Schuhe wegschleuderte und barfuß direkt ins Wasser lief. Sah, wie sie die Arme ausbreitete und die salzige Luft einsog. Das Leben einsog. Das bisschen Leben, das ihr bleiben würde.

Wenn wir es bloß gewusst hätten, dachte Marvin. Damals …

So schmeckte der Sommer seither: bittersüß. Jeder Sommer. Er sah sich selbst, wie er vor zehn Jahren den Schlüssel vom Fahrradschloss abzog und in der Hosentasche verstaute. Er sah Lea, wie sie fragend umherschaute, um herauszufinden, woher der laute Knall gekommen war. Der Knall, der der Anfang vom Ende gewesen war – das Ende von allem, aber auch der Anfang von allem anderen. Es war so real, noch heute. Heute war es windstill. Eine Autotür wurde zugeschlagen.

Kurz darauf schmiegte sich seine Frau an seinen Rücken, lehnte den Kopf an und schlang die Arme vorsichtig um seinen Bauch, in der Hand einen kleinen Feldblumenstrauß.

»Ich weiß, Marvin«, flüsterte sie, »ich weiß ...«

So standen sie eine Weile. Schweigend, während Marvin aufs Meer blickte und die Schwere jener Tage zurückkam. Sie überspülte ihn mit jeder Welle, die sanft kräuselnd an Land auflief.

Im Rhythmus eines Herzschlags, dachte er. Jump 'n' Run – in Zeitlupe. Jump 'n' Run. Jump 'n' Run. Jump 'n' Run.

Jedes Detail seiner Erinnerung schob eine Träne heraus, es war ihm egal. Das ging mittlerweile. Das durfte sein. Scheiß auf *cool,* so war er nicht mehr. Seine erste große Liebe war Vergangenheit – und er hatte es ihr nicht mehr sagen können. Sie hatte es nicht gewusst.

»Sie hat es nicht gewusst«, murmelte er.

Für viele Dinge gab es eine zweite Chance. Für die erste Liebe nicht.

»Warum habe ich es ihr nicht...?«, sagte er halblaut.

Rasch drehte er sich um, nahm das Gesicht seiner Frau in seine Hände, küsste sie und stammelte:

»Oh, Entschuldigung, Schatz ... Sorry, ich wollte nicht ...«

»Ist gut, Marvin, ist schon gut ... Ich weiß das. Alles okay. Es ist okay. Das war es doch, warum wir herkommen wollten. Es ist wichtig, Marvin.«

»Ja, es ist wichtig.« Er küsste sie ein zweites und ein drittes Mal. »Ich liebe dich. Für alles.«

Marvin hielt seine Frau fest umarmt. So roch der Sommer! Er sog ihren Duft nach Sonnencreme ein, bis sie sich aus der Umarmung löste und ihm die Blumen entgegenhielt.

»Hier, die hast du im Wagen vergessen. Komm, lass uns hinunter zum Wasser gehen!«

»Hast du das Auto abgeschlossen?«, fragte er noch, da war sie bereits auf dem Weg, mit bedächtigen Schritten.

»Wer zuerst da ist ...«, murmelte Marvin, streifte seine Sandalen von den Füßen, stellte sie hinter dem nächstbesten Strandkorb ab und folgte seiner Frau durch den warmen Pudersand. Auf halber Strecke wartete sie, lächelte ihn an und streckte ihm ihre Hand hin.

Am Strand unten hatte sich einiges getan: Es gab einen Rettungsposten, auf dem ein tief in seinen roten Kapuzenpulli vergrabener Rettungsschwimmer saß; es gab Eisverkäufer und eine Reihe von Strandbars, vor denen Menschen zu Karibik-Klängen tanzten. Bacardi Feeling ... So schmeckte der Sommer. Neben einer Surfschule machte eine Gruppe Jugendlicher unter Anleitung einer drahtigen Surflehrerin Trockenübungen auf den Brettern. Sicher war sie Sportstudentin, wie Lea. Auf dem Wasser schwankte eine Schwimminsel hin und her; Kinder kletterten auf der wackeligen Fläche herum und sprangen kreischend ins salzige Nass. Zwei Jungs hüpften mit großem Hallo in die Wellen, um zur Insel zu schwimmen.

»Wer zuerst da ist!«, rief der Größere und kraulte los.

Marvin lächelte. Bittersüß.

Plötzlich ertönte von irgendwoher ein lauter Knall. Einige Menschen unterbrachen ihren Sommer und blickten auf. Andere machten weiter mit dem, was sie taten: Sandburgen bauen, Rücken eincremen, ein Eis holen gehen. Jener Sommer vor zehn Jahren und alles, was er nach sich zog, hatten Marvin zwei Dinge gelehrt:

Erstens, manchmal knallte es im Leben, ohne dass man wusste, wie es dazu gekommen war. Man konnte sich wundern, sich aufregen, konnte es ignorieren. Man konnte zu viel Zeit und Kraft investieren, um der Frage nach dem Warum auf den Grund zu gehen. Man konnte zur Tagesordnung zurückkehren, als hätte es den Knall nie gegeben. Als hätte er keinen erkennbaren Effekt auf das Leben gehabt. Das stimmte nicht. Alles hinterließ seine Spuren. Auch wenn die Fußspuren im Sand von der nächsten Welle verwaschen wurden, so waren sie dagewesen, und es gab jemanden, der sich an diese Schritte erinnerte. Sogar der Strand war nicht derselbe wie in der Sekunde zuvor, speicherte er doch in seinem Gedächtnis die Personen, die auf ihm gelaufen waren. Die auf ihm gelegen hatten. In ihm geweint. Sich in ihm geliebt.

Zweitens, und das war die weitaus wichtigere Erkenntnis für Marvin: Das Leben lebte sich nicht, wenn man es nur von den Dünen aus betrachtete. Das war seine Lektion.

Jeden Abend schleuderte er beim Nachhausekommen als erstes seine Schuhe von sich und betrachtete, wie er seine Zehen ausbreitete. Er schloss für einen Moment die Augen und spürte den Boden. Spürte das Leben. Anfangs hatte sich seine Frau darüber aufgeregt, wo seine Schuhe überall landeten: im Reifenstapel in der Garage, am Gartenzaun, mal landete einer im Rosenstrauch neben der Haustür, mal einer auf dem Vordach. Mittlerweile schmunzelte sie darüber, begrüßte barfuß ihren Mann an der Tür und umarmte ihn einen langen Augenblick lang. Die Schuhe könnten sie später einsammeln und ordentlich wegräumen. Leben war das, was passierte, wenn man mit nackten Füßen ins Wasser stürmte und sich für einen Augenblick keine Gedanken um sein Fahrrad machte.

So schmeckt das Leben … Wer zuerst da ist!

LESETIPP

Hamlet rot/weiß

**Auch in den Klassikern der Weltliteratur wird haufenweise gemeuchelt, gemordet und gestorben. So auch bei Shakespeare.*

Auf Initiative der Dortmunder Autorin Heike Wulf durfte ich gemeinsam mit vier anderen Autor:innen zu den Bochumer Shakespeare-Wochen 2014 ein tragikomisches und modernes Ruhrgebiets-Remake schreiben, das durch seine Bezüge zum Original und seine originelle Story schon viele Fans begeistert hat. Auch zu diesem Buch gab es eine mehrjährige Lesebühnentour. (Fotos finden Sie auf meiner Internetseite www.lesebuehne.com.) Gerne lesen wir auch weiterhin Auszüge daraus und bieten Klassenlektüren an.

„Wenn aus Hamlet Kotelett wird, das Imbiss-Imperium der Familie auf dem Spiel steht und ein alter Opel GSI über Leben und Tod entscheidet, kommt einem glatt der Gedanke: Da ist doch was faul im Staate Bochum! Hamlet, der als Veganer auf sein Erbe, eine Pommesbuden-Kette, verzichtet, will sich für den heimtückischen Mord an seinem Vater rächen. Rund um die royale Fast-Food-Familie werden schwere Geschütze aufgefahren – und das nicht nur auf der A43 am Kemnader Stausee. Wie gefährlich ein Schaschlik-Spieß sein kann, wieso Farbenblindheit Leben retten wird und warum die Currysauce lebt, bleibt nicht ungeklärt."

‚Hamlet rot/weiß' wurde verfasst von Claudia Kociucki, Heike Wulf, Jochen Ruschweyh, Louis Jansen & Michael Meyer und ist im Schreiblust-Verlag Dortmund erschienen (September 2015, Taschenbuch, 86 S., ISBN: 9783981648140).

Hab alles gegeben,
am Ende mein Leben.

NACHWORT

Sterbensweise

Der eine fällt vom Stuhl, ganz schnell,
die and're sich zu Tode quält.

Niemals du ganz sicher bist,
wann deine Zeit vorüber ist.

Drum sei im Sterben dir gewiss,
dass du im Leben nichts vermisst.

Steckst du im Streit, so lenke ein!
(Es kann so schnell vorüber sein …)

Bist du nicht glücklich?
Hier der Tipp:
Änder's – oder stirb damit!

DANKWORT

Mein erster Dank geht an Sie, liebes bisheriges Publikum, für die zahlreichen schönen und berührenden Rückmeldungen zu Inhalt und Performance von *Gestorben wird immer – oder: Radieschen von oben*. Danke auch für die Anregung zu diesem Buch.

Ich danke Verlegerin Manuela Klumpjan von Herzen, dass sie es mit dieser Veröffentlichung im Edition Paashaas Verlag ermöglicht!

An Kaelo Janßen ein Dankeschön fürs erste Korrekturlesen und ebenso an dieser Stelle noch einmal an die Autorinnen und Autoren, die die einzelnen Texte in ihrer Entstehungsphase kollegial lektoriert haben.

Marcel, meinem *Mann fürs Lesen und fürs Leben*, ein unermesslich großes Danke für deine zahlreichen Impulse, das geduldige Ertragen meiner Ideen, die konstruktiven Proben und die wundervollen gemeinsamen Bühnenstunden (die ich nicht mehr missen möchte). Nicht vergessen: *Ladies first!*

Ben und Jan, euch beiden widme ich dieses Buch. Mein Leben ist endlich, meine Liebe zu euch ist es nicht.

Jedem Ende
wohnt ein Anfang inne.

Mehr über die Autorin und das Angebot des Edition Paashaas Verlags finden Sie auf www.verlag-epv.de.